新訂2版

特別支援学級 はじめの一歩

まずは押さえたい100のポイント

坂本　裕 編著

明治図書

新訂2版編著者序

このたび,『特別支援学級はじめの一歩』の新訂2版を,初版,新訂版に引き続き,上梓する機会を得ることができました。

初版は,2010(平成22)年5月に,2008(平成20)年版小学校,並びに,中学校学習指導要領解説(総則編)に特別支援学級の教育課程編成規準が初示されたことを受け,上梓させていただきました。新訂版は,その5年後の2015(平成27)年4月に,障害者権利条約批准への対応としての,インクルーシブ教育システムの構築,就学指導から教育支援への転換等々の驀進を受け,上梓させていただきました。

そして,本書新訂2版は,2017(平成29)年版小学校,並びに,中学校学習指導要領に初めて特別支援学級の教育課程編成規準が示されたことを受け,上梓させていただきました。加えて,2017(平成29)年版特別支援学校学習指導要領にて知的障害教育が大きく変節したような風説を解く意図をもって,全項目を新たに書き起こしました。

わが国の公教育における知的障害教育は,1890(明治23)年に,松本尋常小学校(旧開智学校)落第生学級が設置されてから,本年,130年目の節目を迎えます。旧開智学校(1873(明治4)年創立)の管理棟は現存し,2019(令和元)年,近代学校建築として初の国宝指定を受けました。毎春,岐阜大学で特別支援教育を学び始めた学部生と,旧開智学校を訪れています。それは,我が国の近代学校教育,知的障害教育の原点に立ち,先達の子どもたちへの熱情を肌で感じ,教職の歩みを踏み出してほしいとの素懐からです。

知的障害教育は,子どもたちの心ゆくまで,存分に,との思いに,教師がわが思いを重ね,共に歩むことから始まる教育です。本書で,落第生学級から連綿と続く知的障害教育のあり様を読み取っていただければ幸いです。また,私が学部生の頃より指導いただいている一門惠子先生に特別寄稿を賜ることができました。心からお礼申し上げます。

2020(令和2)年早緑月

岐阜大学教職大学院准教授　坂本　裕

目次

Ⅲ 教育実践

I

基礎知識

1 ┃ 1 ┃ インクルーシブ教育システム

インクルージョン・ノーマライゼーション・インテグレーション

　"インクルージョン"と"ノーマライゼーション""インテグレーション"の違いを理解することがまずは必要です。"ノーマライゼーション""インテグレーション"は障害者などと一般市民で"生活の場"が異なることを大前提としています。"ノーマライゼーション"は障害者などがいない社会は"正常（ノーマル）"ではないので，障害者なども"生活の場"を共にする"正常"な社会にしていくことになります。"インテグレーション"は障害者などを一般市民の社会に"統合（インテグレート）"するために，障害者などに一般市民の"生活の場"で生活していくための力を付け，"統合"することになります。

　"インクルージョン"は地球上の全ての人たちが健康で文化的な生活の実現ができるように，人種や性別，年齢，障害の有無などにかかわりなく，同じ社会の構成員として"包含（インクルーシブ）"していくことを主眼とします。そのため，"インクルーシブ教育"は，基本的には障害のある子どもと障害のない子どもが"同じ生活の場"で教育を受けることになります。

インクルーシブ教育システム

　しかし，"同じ生活の場"で教育しても，インクルーシブ教育の達成ではありません。個々の子ども達が持てる力を存分に発揮できる教育の制度や仕組みを検討していくことが不可欠になります。そうした教育制度や仕組みがインクルーシブ教育システムとなり，多様な学びの場の設定，弾力的な教育課程の設定，専門性のある教員などの配置，施設・設備の充実，包括性のある効果的な指導の提供，交流及び共同学習の充実などの推進が必須となります。インクルーシブ教育システムの構築には次のことへの配慮が求められています。

インクルーシブ教育システムにおいては，同じ場で共に学ぶことを追求するとともに，個別の教育的ニーズのある幼児児童生徒に対して，自立と社会参加を見据えて，その時点で教育的ニーズに最も的確に応える指導を提供できる，多様で柔軟な仕組みを整備することが重要である。小・中学校における通常の学級，通級による指導，特別支援学級，特別支援学校といった，連続性のある「多様な学びの場」を用意しておくことが必要である。

　インクルーシブ教育システムの構築については，諸外国においても，それぞれの課題を抱えながら，制度設計の努力をしているという実情がある。各国とも，インクルーシブ教育システムの構築の理念に基づきながら，漸進的に対応してきており，日本も同様である。教育制度には違いはあるが，各国ともインクルーシブ教育システムに向かうという基本的な方向性は同じである。

　障害者に関する社会全体の意識を向上させる必要性が示され，教育制度のすべての段階において障害者の権利を尊重する態度を育成することが規定されている。こうした規定を踏まえれば，学校教育において，障害のある人と障害のない人が触れ合い，交流していくという機会を増やしていくことが，特に重要であり，障害のある人と触れ合うことは，共生社会の形成に向けて望ましい経験となる。

　全世界がインクルーシブ教育に舵を切るきっかけのひとつとなったサラマンカ宣言（1994年）で示された『全ての子どもは，ユニークな特性，関心，能力および学習のニーズをもっている』という子ども観を真摯に受け止めることからインクルーシブ教育システムは始められなければなりません。

※囲み内は，中央教育審議会初等中等教育分科会「共生社会の形成に向けたインクルーシブ教育システム構築のための特別支援教育の推進（報告）」2012年より引用

特別支援教育の理念

わが国の特別支援教育は，2007（平成19）年４月，文部科学省『特別支援教育の推進について（通知）』の発出以降であり，その理念は次のとおりです。

> 特別支援教育は，障害のある幼児児童生徒の自立や社会参加に向けた主体的な取組を支援するという視点に立ち，幼児児童生徒一人一人の教育的ニーズを把握し，その持てる力を高め，生活や学習上の困難を改善又は克服するため，適切な指導及び必要な支援を行うものである。

ここで注目すべきことは，『主体的な取組を支援する』ことや『その持てる力を高める』ことが強調されていることです。通常の学級の教育においては，（日本国として）『付けたい力』を明確にし，確実にその力を付けていくことが何にも増して教師がなすべきこととなります。それに対し，特別支援教育においては，その子の『持てる力』，すなわち，"今，できること"や"今，できそうなこと"がより確かな力となるよう，何事にも自分から自分で取り組もうとする姿を支えて育んでいくことが教師の何よりもなすべきこととなります。

特別支援教育の対象と教育の場

通知中，特別支援教育の対象と教育の場とは次のように示されています。

> 特別支援教育は，これまでの特殊教育の対象の障害だけでなく，知的な遅れのない発達障害も含めて，特別な支援を必要とする幼児児童生徒が在籍する全ての学校において実施されるものである。

特別支援教育が始まり，10年以上が経過した今となっては，その対象が"障害のある幼児児童生徒"から"特別な支援を必要とする幼児児童生徒"

であることは周知のこととなっています。そしてその教育の場は、"特別支援学級や特別支援学校"のみならず、"全ての学校"で実施されることが当然のこととなっています。そうしたなかで急増した、中学校からの知的障害特別支援学校高等部への進学はピークを過ぎた感があります。その一方で、小学部に中度・軽度知的障害の児童が増加しているとの報告もあり、その事由の分析も含め、今後の推移に注視すべき状況にもあります。

特別支援教育における教育活動等を行う際の留意事項等

そして、教育活動を行う上での留意事項は次のように記されています。

> 障害のある幼児児童生徒への支援に当たっては、障害種別の判断も重要であるが、当該幼児児童生徒が示す困難に、より重点を置いた対応を心がけること。
> また、医師等による障害の診断がなされている場合でも、教師はその障害の特徴や対応を固定的にとらえることのないよう注意するとともに、その幼児児童生徒のニーズに合わせた指導や支援を検討すること。

> 各学校は、障害のある幼児児童生徒が、円滑に学習や学校生活を行うことができるよう、必要な配慮を行うこと。

これらの留意事項から、学校は特別な支援を必要とする幼児児童生徒にとって、"友だちや教師と生活する心地よい場"となるように心血を注がなければならないのです。そして、教師は"支えを必要とする児童生徒一人ひとりを過不足なく支える大人"となるべく、心を砕くことが肝要となります。

1 3 障害者権利条約

　障害者権利条約は『障害者の人権や基本的自由の享有を確保し，障害者の固有の尊厳の尊重を促進するため，障害者の権利の実現のための措置等を規定し，市民的・政治的権利，教育・保健・労働・雇用の権利，社会保障，余暇活動へのアクセスなど，様々な分野における取組を締約国に対して求める』*条約です。教育関係者は，特に第3条，第7条，第24条に留意しなければなりません。

　まず，第3条には，一般原則として次の8項目が示されています。

(a) 固有の尊厳，個人の自律（自ら選択する自由を含む。）及び個人の自立の尊重

(b) 無差別

(c) 社会への完全かつ効果的な参加及び包容

(d) 差異の尊重並びに人間の多様性の一部及び人類の一員としての障害者の受入れ

(e) 機会の均等

(f) 施設及びサービス等の利用の容易さ

(g) 男女の平等

(h) 障害のある児童の発達しつつある能力の尊重及び障害のある児童がその同一性を保持する権利の尊重

そして，第7条には，障害のある児童への対応が明記されています。

1　締約国は，障害のある児童が他の児童との平等を基礎として全ての人権及び基本的自由を完全に享有することを確保するための全ての必要な措置をとる。

2　障害のある児童に関する全ての措置をとるに当たっては，児童の最善の利益が主として考慮されるものとする。

3　締約国は，障害のある児童が，自己に影響を及ぼす全ての事項について自由に自己の意見を表明する権利並びにこの権利を実現するための障害及び年齢に適した支援を提供される権利を有することを確保する。この場合において，障害のある児童の意見は，他の児童との平等を基礎として，その児童の年齢及び成熟度に従って相応に考慮されるものとする。

さらに，第24条に教育に関する事項が示されています。

1　締約国は，教育についての障害者の権利を認める。締約国は，この権利を差別なしに，かつ，機会の均等を基礎として実現するため，障害者を包容するあらゆる段階の教育制度及び生涯学習を確保する。当該教育制度及び生涯学習は，次のことを目的とする。
　(a)　人間の潜在能力並びに尊厳及び自己の価値についての意識を十分に発達させ，並びに人権，基本的自由及び人間の多様性の尊重を強化すること。
　(b)　障害者が，その人格，才能及び創造力並びに精神的及び身体的な能力をその可能な最大限度まで発達させること。
　(c)　障害者が自由な社会に効果的に参加することを可能とすること。
2　締約国は，1の権利の実現に当たり，次のことを確保する。
　(a)　障害者が障害に基づいて一般的な教育制度から排除されないこと及び障害のある児童が障害に基づいて無償のかつ義務的な初等教育から又は中等教育から排除されないこと。
　(b)　障害者が，他の者との平等を基礎として，自己の生活する地域社会において，障害者を包容し，質が高く，かつ，無償の初等教育を享受することができること及び中等教育を享受することができること。
　(c)　個人に必要とされる合理的配慮が提供されること。
　(d)　障害者が，その効果的な教育を容易にするために必要な支援を一般的な教育制度の下で受けること。
　(e)　学問的及び社会的な発達を最大にする環境において，完全な包容という目

標に合致する効果的で個別化された支援措置がとられること。

3　締約国は，障害者が教育に完全かつ平等に参加し，及び地域社会の構成員として完全かつ平等に参加することを容易にするため，障害者が生活する上での技能及び社会的な発達のための技能を習得することを可能とする。このため，締約国は，次のことを含む適当な措置をとる。

(a)　点字，代替的な文字，意思疎通の補助的及び代替的な形態，手段及び様式並びに定位及び移動のための技能の習得並びに障害者相互による支援及び助言を容易にすること。

(b)　手話の習得及び聾社会の言語的な同一性の促進を容易にすること。

(c)　盲人，聾者又は盲聾者（特に盲人，聾者又は盲聾者である児童）の教育が，その個人にとって最も適当な言語並びに意思疎通の形態及び手段で，かつ，学問的及び社会的な発達を最大にする環境において行われることを確保すること。

4　締約国は，1の権利の実現の確保を助長することを目的として，手話又は点字について能力を有する教員（障害のある教員を含む。）を雇用し，並びに教育に従事する専門家及び職員（教育のいずれの段階において従事するかを問わない。）に対する研修を行うための適当な措置をとる。この研修には，障害についての意識の向上を組み入れ，また，適当な意思疎通の補助的及び代替的な形態，手段及び様式の使用並びに障害者を支援するための教育技法及び教材の使用を組み入れるものとする。

5　締約国は，障害者が，差別なしに，かつ，他の者との平等を基礎として，一般的な高等教育，職業訓練，成人教育及び生涯学習を享受することができることを確保する。このため，締約国は，合理的配慮が障害者に提供されることを確保する。

＊内閣府ＨＰ「障害者権利条約」

1 | 4 　障害者基本法・障害者差別解消法

■ 障害者基本法

　障害者基本法は，1993（平成5）年に，心身障害者対策基本法（1970（昭和45）年制定）を前身とし，『基本的人権の尊重の理念にのっとり，共生する社会の実現のために，障害者施策に関する基本原則を定め，国及び地方公共団体等の責務を明らかにし，障害者施策の基本となる事項を定めること等により，障害者施策を総合的かつ計画的に推進すること』*を目的とし制定されました。1993（平成5）年改正で基本理念に社会参加の促進などが追加されました。2004（平成16）年改正で目的に『自立及び社会参加の支援』などが追加され，障害を理由とした差別と権利利益侵害の禁止規定などが加えられました。2011（平成23）年改正では障害者の定義に社会的障壁を追加し，発達障害を含むことが明記され，共生社会の実現が理念に加えられました。

■ 障害者差別解消法

　障害者差別解消法は，2013（平成25）年に『障害を理由とする差別の解消に関する基本的な事項や，国の行政機関，地方公共団体，民間事業者などにおける障害を理由とする差別を解消するための措置などについて定めることによって，すべての国民が障害の有無によって分け隔てられることなく，相互に人格と個性を尊重しあいながら共生する社会の実現につなげること』**を目的として制定されました。本法は障害を理由とする差別を『不等な差別的取扱いの禁止』（第7条第1項，第8条第1項）と『合理的な配慮の提供』（第7条第2項，第8条第2項）に整理しています。そして，内閣府から，『障害を理由とする差別の解消に関する基本方針』が示されました。

---

*岩永靖「障害者基本法・障害者差別解消法」坂本裕編著『新訂特別支援学級はじめの一歩』明治図書，2015年，pp.16-17
**内閣府HP「障害を理由とする差別の解消の推進に関する法律についてのよくあるご質問と回答〈国民向け〉」

特別な教育的ニーズ

　特別な教育的ニーズは，1978（昭和53）年，イギリスの障害児者教育委員会の報告書（通称ウォーノック報告書）がその端緒とされています。この概念は従来の障害のカテゴリーを廃止し，新たな概念として置き換えるためのものではなく，児童生徒が特別な教育的支援を必要としている状態に，それに影響を与えている種々の要因も含めて，個々に応じた対応を実施することを主眼として導入されたものです。

　そのため，特別な教育的ニーズの必要性は，同じ子どもであっても"ある状態"から"ない状態"に，常時，変動するものであり，その変動にはその子どもの状態のあり様だけではなく，周囲の環境のあり様によって大きく影響され，必要とされるニーズの内容も変化していくのです。

　なお，ニーズという用語は，本来，マーケティング理論で主に用いられてきた用語で，"ニーズ（needs）""ウォンツ（wants）""シーズ（seeds）"の3つのタームをもって説明されます。ニーズは抽象的欲求とされ，生活上の必要な充足状況が満たされていない状態を意味します。また，ウォンツは具体的欲求とされ，そのニーズを満たす個人由来の特定のものを欲している状態を意味します。そして，シーズはサービス体（企業など）が保持している技術や材料，サービスになります。

　こうしたニーズ・ウォンツ・シーズと教育的ニーズ・合理的配慮・基礎的環境整備を重ね合わせて考えると，次のような関係性が考えられます。

ニーズ	特別な教育的ニーズ	聴覚障害への社会的障壁によって生じる情報保障の必要性		
ウォンツ	合理的配慮	手話	ノートテイク	FM補聴システム
シーズ	基礎的環境整備	手話通訳士の配置	ノートテイカーの配置	機器購入・配備の予算

1-6 合理的配慮・基礎的環境整備

　2012（平成24）年７月に示された『共生社会の形成に向けたインクルーシブ教育システム構築のための特別支援教育の推進（報告）』において，学校教育分野における合理的配慮の観点と基礎的環境整備の下の図のような関係性が示されました。合理的配慮は『障害のある子どもが，他の子どもと平等に『教育を受ける権利を享有・行使することを確保するために，学校の設置者及び学校が必要かつ適当な変更・調整を行うことであり，障害のある子どもに対し，その状況に応じて，学校教育を受ける場合に個別に必要とされるもの』であり，『学校の設置者及び学校に対して，体制面，財政面において，均衡を失した又は過度の負担を課さないもの』と定義されています。また，基礎的環境整備は『障害のある子どもに対する支援については，法令に基づき又は財政措置により，国は全国規模で，都道府県は各都道府県内で，市町村は各市町村内で，教育環境の整備をそれぞれ行う。これらは，『合理的配慮』の基礎となる環境整備であり，それを『基礎的環境整備』と呼ぶこととする』とされています。

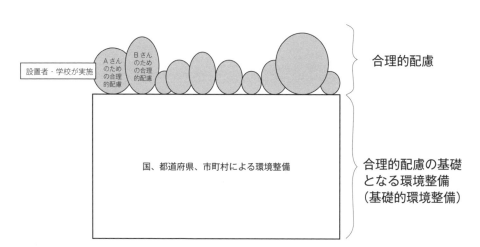

　学校教育分野は障害者との関係性が長期にわたるなど固有の特徴を有することから，次に示した事項が特に留意すべき点とされています*。

　なお，これらの留意すべき点に加え，保護者と連携し，プライバシーにも留意しつつ，『障害のある幼児，児童及び生徒の将来的な自立と社会参加を見据えた障害の早期発見・早期支援の必要性及びインクルーシブ教育システムの理念に鑑み，幼児教育段階や小学校入学時点において，意思の表明の有無に関わらず，幼児及び児童に対して適切と思われる支援を検討するため，幼児及び児童の障害の状態等の把握に努めることが望ましい』ともされています。

　ア　合理的配慮の合意形成に当たっては，権利条約第24条第1項にある，人間の多様性の尊重等の強化，障害者が精神的及び身体的な能力等を可能な最大限度まで発達させ，自由な社会に効果的に参加することを可能とするといった目的に合致するかどうかの観点から検討が行われることが重要であること。

　イ　合理的配慮は，一人一人の障害の状態や教育的ニーズ等に応じ，設置者・学校（学校教育法（昭和22年法律第26号）第1条に規定する学校（大学及び高等専門学校を除く。）をいう。以下同じ。）及び本人・保護者により，発達の段階を考慮しつつ合意形成を図った上で提供されることが望ましく，その内容を個別の教育支援計画に明記することが重要であること。

　ウ　合理的配慮の合意形成後も，幼児，児童及び生徒一人一人の発達の程度，適応の状況等を勘案しながら柔軟に見直しができることを共通理解とすることが重要であること。

　エ　合理的配慮は，障害者がその能力を可能な最大限度まで発達させ，自由な社会に効果的に参加することを可能とするとの目的の下，障害のある者と障害のない者が共に学ぶ仕組みであるインクルーシブ教育システムの理念に照らし，その障害のある幼児，児童及び生徒が十分な教育が受けられるために提供でき

ているかという観点から評価することが重要であること。例えば，個別の教育支援計画や個別の指導計画について，各学校において計画に基づき実行した結果を評価して定期的に見直すなど，ＰＤＣＡサイクルを確立させていくことが重要であること。

オ　進学等の移行時においても途切れることのない一貫した支援を提供するため，個別の教育支援計画の引継ぎ，学校間や関係機関も含めた情報交換等により，合理的配慮の引継ぎを行うことが必要であること。

1　機会の確保：障害を理由に修学を断念することがないよう，修学機会を確保すること，また，高い教養と専門的能力を培えるよう，教育の質を維持すること。

2　情報公開：障害のある大学進学希望者や学内の障害のある学生に対し，大学等全体としての受入れ姿勢・方針を示すこと。

3　決定過程：権利の主体が学生本人にあることを踏まえ，学生本人の要望に基づいた調整を行うこと。

4　教育方法等：情報保障，コミュニケーション上の配慮，公平な試験，成績評価などにおける配慮を行うこと。

5　支援体制：大学等全体として専門性のある支援体制の確保に努めること。

6　施設・設備：安全かつ円滑に学生生活を送れるよう，バリアフリー化に配慮すること。

＊文部科学省「管事業分野における障害を理由とする差別の解消の推進に関する対応指針」2015年

1 8 スクールクラスター

　インクルーシブ教育システムは，わが国において共生社会の形成をめざし，障害のある幼児児童生徒とない幼児児童生徒が同じ生活の場で共に学ぶことを追求するとともに，障害のある幼児児童生徒の自立と社会参加を見据え，その時点での合理的配慮に最も的確に応える教育的支援を提供できる，多様で柔軟な学校教育体制の構築が不可欠になります。しかし，幼稚園，小学校，中学校（含，特別支援学級，通級指導教室），高等学校（含，通級指導教室）及び特別支援学校が，それぞれ単体では，障害のある幼児児童生徒一人ひとりに十分な合理的配慮を提供することは容易ではありません。そのため，2012（平成24）年7月に示された『共生社会の形成に向けたインクルーシブ教育システム構築のための特別支援教育の推進（報告）』において，下の図のような障害保健福祉圏域や教育事務所管内の幼稚園，小学校，中学校（含，特別支援学級，通級指導教室），高等学校（含，通級指導教室）および特別支援学校といった教育資源を移動可能（movable）な，すなわち，転学可能な多様な学びの場として捉えるスクールクラスターを積極的に構築し，活用していくことが示されました。

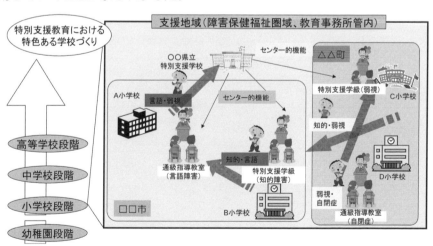

1-9 学校プラットフォーム

　学校プラットフォームは，特別な生活のニーズのある児童生徒への対応として，小・中学校においては，貧困家庭の児童生徒への朝食提供や学童保育充実などの地域の諸課題に対応できる生活支援の機能も学校の教育機能に新たに持たせようとするものです。

　そして，特別支援学校などには，障害者権利条約第24条に示された『締約国は，障害者が，差別なしに，かつ，他の者との平等を基礎として，一般的な高等教育，職業訓練，成人教育及び生涯学習を享受することができることを確保する。このため，締約国は，合理的配慮が障害者に提供されることを確保する』に対応することが求められています。そのために，障害者の生涯を通じた学習活動の充実について，下の図のような切れ目のない支援体制構築に向けた特別支援教育の充実や自立と社会参加の加速化に向けた取り組みの充実を推進するなど，障害学生支援プラットフォームの形成なども展開されつつあります。

　障害に関する国際的なとらえ方や分類として，2001（平成13）年，WHO
が示した生活機能と障害に関するICF（国際生活機能分類）*があります。人
間の生活機能と障害に関する状況を記述することを目的とした分類で，健康
状態，心身機能（身体系の生理的機能（心理的機能を含む））・身体構造（器
官，肢体とその構成部分などの，身体の解剖学的部分），活動（課題や行為
の個人による遂行）と参加（生活・人生場面へのかかわり），環境因子
（人々が生活し，人生を送っている物的・社会的・態度的環境），個人因子
（個人の人生や生活の特別な背景）から構成されています。心身機能・身体
構造，活動と参加，環境因子には分類項目が1,424つ示され，健康状態，個
人因子には提示された項目はありません。

　ここで重要となるのは，診断名などではなく，生活の中での困難さに焦点
を当てる視点を持って，"心身機能・身体構造"に問題があり"機能障害"
の状態であるとしても，個人"活動"や社会"参加"には影響を受けない状
況があり得るということです。教育支援においては，その子がどうすれば個
人「活動」や社会「参加」ができるかを考えていくことが重要となります。

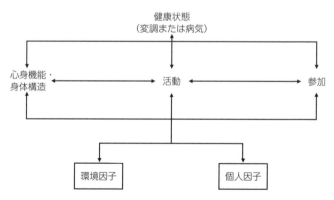

* WHO『ICF 国際生活機能分類』障害者福祉研究会訳，中央法規出版，2002年

2 | 2 | 発達障害

　障害は，視覚機能に障害を受けた場合を視覚障害とするように障害を受けた"機能"からとらえる場合と，発達期に障害を受けた場合を発達障害とするように障害を受けた"時期"からとらえる場合があります。そのため，18歳までに何らかの障害を受けた場合は発達障害となり，18歳以降に何らかの障害を受けた場合は中途障害となり，次のような定義となります。

> 　知的発達障害，脳性麻痺などの生得的な運動機能障害（身体障害），自閉症やアスペルガー候群を含む広汎性発達障害，注意欠陥多動性障害（多動性障害）およびその関連障害，学習障害，発達性協調運動障害，発達性言語障害，てんかんなどを主体とし，視覚障害，聴覚障害および種々の健康障害（慢性疾患）の発達期に生じる諸問題の一部も含む包括的概念。　　　　　日本発達障害学会監修『発達障害基本用語辞典』金子書房，2008年

支援の方向性

　発達障害の支援は，中途障害との対比から考えると理解しやすいとされています。中途障害者への支援は"リハビリテーション（rehabilitation）"と称され，re（再び），habilitation（社会に参加する・社会を生き抜く），すなわち，障害を受ける前の社会生活の状態に戻るための治療的対応が主となります。それに対し，胎児期から思春期までの発達期までに生じる発達障害への支援は，"ハビリテーション（habilitation）"と称され，社会生活の中で初めてのことに本人が主体的に取り組むことができるような支援的対応が主となります。

　なお，2005（平成17）年4月に施行された発達障害者支援法において示された『自閉症，アスペルガー症候群その他の広汎性発達障害，学習障害，注意欠陥多動性障害，その他これに類する脳機能の障害であってその症状が通常低年齢において発現するものとして政令で定めるもの』は法律（行政）用語としての発達障害の定義となります。

知的障害

教育的定義

　知的障害とは，知的機能の発達に明らかな遅れと，適応行動の困難性を伴う状態が，発達期に起こるものを言う。

　「知的機能の発達に明らかな遅れ」がある状態とは，認知や言語などに関わる精神機能のうち，情緒面とは区別される知的面に，同年齢の児童生徒と比較して平均的水準より有意な遅れが明らかな状態である。

　「適応行動の困難性」とは，他人との意思の疎通，日常生活や社会生活，安全，仕事，余暇利用などについて，その年齢段階に標準的に要求されるまでには至っていないことであり，適応行動の習得や習熟に困難があるために，実際の生活において支障をきたしている状態である。

　「伴う状態」とは，「知的機能の発達に明らかな遅れ」と「適応行動の困難性」の両方が同時に存在する状態を意味している。知的機能の発達の遅れの原因は，概括的に言えば，中枢神経系の機能障害であり，適応行動の困難性の背景は，周囲の要求水準の問題などの心理的，社会的，環境的要因等が関係している。

　「発達期に起こる」とは，この障害の多くは，胎児期，出生時及び出生後の比較的早期に起こることを表している。発達期の規定の仕方は，必ずしも一定はしないが，成長期（おおむね18歳）までとすることが一般的である。

　適応行動の面では，次のような困難さが生じやすい。

○概念的スキルの困難性

　　言語発達：言語理解，言語表出能力など

　　学習技能：読字，書字，計算，推論など

○社会的スキルの困難性

　　対人スキル：友達関係など

　　社会的行動：社会的ルールの理解，集団行動など

○実用的スキルの困難性

日常生活習慣行動：食事，排泄，衣服の着脱，清潔行動など

ライフスキル：買い物，乗り物の利用，公共機関の利用など

運動機能：協調運動，運動動作技能，持久力など

文部科学省「特別支援学校学習指導要領解説各教科等編（小学部・中学部）」2018年

■ 支援の方向性

　知的障害のある児童生徒の支援においては，児童生徒自身がその必要性を実感しながら取り組むことができるように，実生活の場にて，成功経験を重ねていくことが大原則となります。そのため，『各教科を並列的に指導するより，各教科に含まれる教科内容を一定の中心的な題材等に有機的に統合して，総合的な指導を進める方がより効果的な学習となり得る』*とされています。そのため，例えば，買い物をできるようにと，小学校の通常の学級では，算数セットの模擬硬貨を使って硬貨を見分ける練習から始めて，教師が指定した額を机の上に揃える，教室で模擬店を行うなどの積み重ねていくような取り組みが展開されます。しかし，知的障害のある子にとっては，形も色も重さも全く異なるプラスチックの模擬貨幣が本物の貨幣にはつながらないなどがあるため，なかなか実際の買い物まで至りません。

　それに対し，特別支援学級や特別支援学校においては，学級で行うパーティーで食べるおやつを買いに行くなど，実際の買い物での展開となります。まず，お店の人に財布の中から代金を取ってもらう段階から始め，1000円札を渡す，レジスターの数字を見て "500" より少なかったら500円玉1枚を渡す，多かったら2枚を渡す，そして，100円玉……と，どの段階で終わっても児童生徒が一人で自分の欲しい物を買うことができるように支えていきます。

＊文部科学省「特別支援学校教育要領・学習指導要領解説総則編（幼稚部・小学部・中学部）」2018年

2 - 4 自閉症

> 自閉症とは，３歳位までに現れ，①他人との社会的関係の形成の困難さ，②言葉の発達の遅れ，③興味や関心が狭く特定のものにこだわることを特徴とする行動の障害であり，中枢神経系に何らかの要因による機能不全があると推定される。
>
> 文部科学省「今後の特別支援教育の在り方について（最終報告）」2003年，著者一部改変

支援の方向性

　自閉症の児童生徒は，周囲の状況を理解することへの困難さが多々見られます。そのため，活動と場所を一致させ，その場が何の場所であるかをわかりやすくするような手立てがとても大事になります。この手立ては学校生活だけではなく，家庭生活，地域生活においても行っていきます。

　また，手順の変更などへの対応が苦手なため，生活の流れを整えることも重要になります。さらに，比較的理解しやすいとされる実物，絵，写真，文字などの視覚的情報を使い，生活の流れを本人自身も見通せるように工夫していきます。その際，具体物で次の活動まで示す段階から，文字で一週間のスケジュールを示す段階までを幅広く想定し，児童生徒一人ひとりの理解の状況に合わせていくことが原則となります。朝の会などで，写真だけで登校から下校までの流れを複数の児童生徒に一斉に示すようなことはあってはなりません。

　加えて，活動の終わりや区切りがわかりにくい児童生徒が少なくありません。そのため，活動が終了となる時間や量を予め伝えるようにしたり，終わった活動のカードを本人と一緒に裏返し，次の活動のカードを確かめたりするような取り組みも必要となります。

2 | 5 | 学習障害

教育的定義

学習障害とは，基本的には全般的な知的発達に遅れはないが，聞く，話す，読む，書く，計算する又は推論する能力のうち特定のものの習得と使用に著しい困難を示す様々な状態を指すものである。

学習障害は，その原因として，中枢神経系に何らかの機能障害があると推定されるが，視覚障害，聴覚障害，知的障害，情緒障害などの障害や，環境的な要因が直接の原因となるものではない。

文部科学省「学習障害児に対する指導について（報告）」1999年

支援の方向性

児童生徒の単なる努力不足や親の養育の問題にすべきではなく，児童生徒一人ひとりの認知の仕方の特徴や，情報処理の特性に配慮した教育支援が基本となります。教材を細かい段階に分けたり，具体性を持たせたりするなど，一人ひとりの学習の速度に適切に応じた取り組みが原則となります。また，学習面でのつまずきのみに目が注がれやすいのですが，運動面や行動面の困難さを伴う場合も多々あります。そのため，休み時間や放課後の同級生との遊びや，部活動にうまく参加できないと悩みを持つことも少なくありません。

知的障害はないため，自分の置かれた状況を的確にとらえている児童生徒も多くいます。しかし，自力で解決できることが多くなく，情緒面での不安定さを抱えた児童生徒も多くいます。思いっきり遊んだり，好きなことに没頭したりして，情緒面で安定できる時間も大切になります。また，注意や多動の問題を伴う児童生徒の場合には，教室の掲示物や学級のほかの児童生徒の服装も含めて，気が散らないような環境づくりを事前に検討しておくことが大切です。

2 ｜6 注意欠陥／多動性障害

教育的定義

ADHD とは，年齢あるいは発達に不釣り合いな注意力，及び／又は衝動性，多動性を特徴とする行動の障害で，社会的な活動や学業の機能に支障をきたすものである。

また，７歳以前に現れ，その状態が継続し，中枢神経系に何らかの要因による機能不全があると推定される。

文部科学省「今後の特別支援教育の在り方について（最終報告）参考３」2003年

支援の方向性

注意欠陥／多動性障害のある児童生徒の学習スタイルは体得型スタイルであるとされています。例えば，『途中で忘れないように工夫したり，別の方法で補ったりするための配慮を行い，可能な限り，種々の活動を最後までやり遂げることできるようにする』のような予防的対応からはじめ，その実行を支えてくなかで，本人なりのやり方を見いだすことができるようにしていきます。また，『本人の注意の集中が持続する範囲を予め把握した上で，学習活動の当初から学習内容の変更・調整を行う』や『注意集中が難しい時や衝動的な行動を抑えることが難しい時には，予め用意しておいた落ち着きを取り戻す場所等を活用できるようにしていく』といった予見可能な学習内容や学習環境を本人の状態に応じて変更・調整することは予め行っておくことも重要です。なお，これらの支援を実施する際には，本人の思いや意見を十分に受け止め，本人が納得できるように進めていくといった教師のカウンセリング的な構えも不可欠です。合わせて，周囲の者に不適切と思われるような行動も，本人なりの理由があってのことであることを理解してもらえるような働きかけも必要になります。

Ⅱ

学級経営

1-1 設置状況

　特別支援学級は障害の種別ごとに置かれる学級であり，知的障害，肢体不自由，病弱・身体虚弱，弱視，難聴，言語障害，自閉症・情緒障害の学級があります。2017（平成29）年5月1日の特別支援学級在籍児童生徒数，担当教員数及び特別支援学級設置学校数は下の表に示したとおりです。小学校，中学校いずれも，知的障害特別支援学級と自閉症・情緒障害特別支援学級で全学級数の87.7%を占めています。前年比で小学校は学級数2,478学級増，在籍児童数14,689人増，中学校は学級数484学級増，在籍生徒数2,959人増，義務教育学校は学級数87学級増，在籍児童生徒数348人増となっています。

障害種別	小学校		中学校		合計	
	学級数	児童数	学級数	生徒数	学級数	児童生徒数
知的障害	学級 18,371 (43.9%)	人 77,743 (46.5%)	学級 8,683 (47.4%)	人 35,289 (51.7%)	学級 27,054 (44.9%)	人 113,032 (48.0%)
肢体不自由	2,244 (5.4%)	3,418 (2.0%)	790 (4.3%)	1,090 (1.6%)	3,034 (5.0%)	4,508 (1.9%)
病弱・身体虚弱	1,468 (3.5%)	2,480 (1.5%)	643 (3.5%)	1,021 (1.5%)	2,111 (3.5%)	3,501 (1.5%)
弱視	358 (0.9%)	413 (0.2%)	119 (0.6%)	134 (0.2%)	477 (0.8%)	547 (0.2%)
難聴	793 (1.9%)	1,242 (0.7%)	329 (1.8%)	470 (0.7%)	1,122 (1.9%)	1,712 (0.7%)
言語障害	539 (1.3%)	1,570 (0.9%)	126 (0.7%)	165 (0.2%)	665 (1.1%)	1,735 (0.7%)
自閉症・情緒障害	18,091 (43.2%)	80,403 (48.1%)	7,636 (41.7%)	30,049 (44.0%)	25,727 (42.7%)	110,452 (46.9%)
総計	41,864	167,269	18,326	68,218	60,190	235,487

	小学校	中学校	合計
担当教員数	人 44,854	人 20,093	人 64,947
設置学校数	校 16,315	校 7,907	校 24,222

※除：義務教育学校40校160学級のデータ　　　　　　出典：「特別支援教育資料（平成29年度）」2018年

1-2 就学基準

特別支援学校：障害の種類及び程度（学校教育法施行令第22条の３）

　特別支援学校の就学基準は，2001（平成13）年，『21世紀の特殊教育の在り方について（最終報告）』で指摘された点などを受け，次のようになりました。

区分	障害の程度
視覚障害者	両眼の視力がおおむね0.3未満のもの又は視力以外の視機能障害が高度のもののうち，拡大鏡等の使用によっても通常の文字，図形等の視覚による認識が不可能又は著しく困難な程度のもの
聴覚障害者	両耳の聴力レベルがおおむね60デシベル以上のもののうち，補聴器等の使用によっても通常の話声を解することが不可能又は著しく困難な程度のもの
知的障害者	一　知的発達の遅滞があり，他人との意思疎通が困難で日常生活を営むのに頻繁に援助を必要とする程度のもの 二　知的発達の遅滞の程度が前号に掲げる程度に達しないもののうち，社会生活への適応が著しく困難なもの
肢体不自由者者	一　肢体不自由の状態が補装具の使用によっても歩行，筆記等日常生活における基本的な動作が不可能又は困難な程度のもの 二　肢体不自由の状態が前号に掲げる程度に達しないもののうち，常時の医学的観察指導を必要とする程度のもの
病弱者	一　慢性の呼吸器疾患，腎臓疾患及び神経疾患，悪性新生物その他の疾患の状態が継続して医療又は生活規制を必要とする程度のもの 二　身体虚弱の状態が継続して生活規制を必要とする程度のもの

備考
一　視力の測定は，万国式試視力表によるものとし，屈折異常があるものについては，矯正視力によって測定する
二　聴力の測定は，日本工業規格によるオージオメータによる

特別支援学級：障害の種類及び程度（25文科初第756号）

特別支援学級の設置区分は学校教育法第81条２項に，『知的障害者・肢体不自由者・身体虚弱者・弱視者・難聴者・その他障害のある者で，特別支援学級において教育を行うことが適当なもの』とされています。そして，次のような程度とされました。

知的障害者	知的発達の遅滞があり，他人との意思疎通に軽度の困難があり日常生活を営むのに一部援助が必要で，社会生活への適応が困難である程度のもの
肢体不自由者者	補装具によっても歩行や筆記等日常生活における基本的な動作に軽度の困難がある程度のもの
病弱者及び身体虚弱者	一　慢性の呼吸器疾患その他疾患の状態が持続的又は間欠的に医療又は生活の管理を必要とする程度のもの 二　身体虚弱の状態が持続的に生活の管理を必要とする程度のもの
弱視者	拡大鏡等の使用によっても通常の文字，図形等の視覚による認識が困難な程度のもの
難聴者	補聴器等の使用によっても通常の話声を解することが困難な程度のもの
言語障害者	口蓋裂，構音器官のまひ等器質的又は機能的な構音障害のある者，吃音等話し言葉におけるリズムの障害のある者，話す，聞く等言語機能の基礎的事項に発達の遅れがある者，その他これに準じる者（これらの障害が主として他の障害に起因するものではない者に限る。）で，その程度が著しいもの
自閉症・情緒障害者	一　自閉症又はそれに類するもので，他人との意思疎通及び対人関係の形成が困難である程度のもの 二　主として心理的な要因による選択性かん黙等があるもので，社会生活への適応が困難である程度のもの

通級による指導：障害の種類及び程度（25文科初第756号）

知的障害者はその対象となっていません。

区分	障害の程度
言語障害者	口蓋裂，構音器官のまひ等器質的又は機能的な構音障害のある者，吃音等話し言葉におけるリズムの障害のある者，話す，聞く等言語機能の基礎的事項に発達の遅れがある者，その他これに準じる者（これらの障害が主として他の障害に起因するものではない者に限る。）で，通常の学級での学習におおむね参加でき，一部特別な指導を必要とする程度のもの
自閉症者	自閉症又はそれに類するもので，通常の学級での学習におおむね参加でき，一部特別な指導を必要とする程度のもの
情緒障害者	主として心理的な要因による選択性かん黙等があるもので，通常の学級での学習におおむね参加でき，一部特別な指導を必要とする程度のもの
弱視者	拡大鏡等の使用によっても通常の文字，図形等の視覚による認識が困難な程度の者で，通常の学級での学習におおむね参加でき，一部特別な指導を必要とするもの
難聴者	補聴器等の使用によっても通常の話声を解することが困難な程度の者で，通常の学級での学習におおむね参加でき，一部特別な指導を必要とするもの
学習障害者	全般的な知的発達に遅れはないが，聞く，話す，読む，書く，計算する又は推論する能力のうち特定のものの習得と使用に著しい困難を示すもので，一部特別な指導を必要とする程度のもの
注意欠陥多動性障害者	年齢又は発達に不釣り合いな注意力，又は衝動性・多動性が認められ，社会的な活動や学業の機能に支障をきたすもので，一部特別な指導を必要とする程度のもの
肢体不自由者，病弱者及び身体虚弱者	肢体不自由，病弱又は身体虚弱の程度が，通常の学級での学習におおむね参加でき，一部特別な指導を必要とする程度のもの

1-3 学級編制

　特別支援学級の学級編制については，『公立義務教育諸学校の学級編制及び教職員定数の標準に関する法律』第3条によって次のように規定されています。

学校の種類	学級編制の区分	一学級の児童又は生徒の数
小学校（義務教育学校の前期課程を含む。）	同学年の児童で編制する学級	四十人（第一学年の児童で編制する学級にあつては，三十五人）
	二の学年の児童で編制する学級	十六人（第一学年の児童を含む学級にあつては，八人）
	学校教育法第八十一条第二項及び第三項に規定する特別支援学級（以下この表及び第七条第一項第五号において単に「特別支援学級」という。）	八人
中学校（義務教育学校の後期課程及び中等教育学校の前期課程を含む。）	同学年の生徒で編制する学級	四十人
	二の学年の生徒で編制する学級	八人
	特別支援学級	八人

　ただし，教育活動の実施においては，在籍する児童生徒の学習の状況などを鑑み，担当教員数に基づいて，より適切な学習集団を編制することが効果的です。

　なお，2019（平成31）年4月から施行となった『公立義務教育諸学校の学級編制及び教職員定数の標準に関する法律等の一部を改正する法律』により，通級による指導のための基礎定数が新設されました。

1-4 就学支援

細やかな心の動きへの深い洞察力をもって

　ダウン症や脳性まひなどのように出産直後に診断（判断）される障害と，自閉症や学習障害などのように集団生活が始まってから明らかになってくる障害では，保護者の障害の受け止めも大きく異なります。また，保護者，特に母親のなかには「自分の養育が間違っていたのでは」などの強い不安を抱いてしまっている方も少なくありません。そのため，就学に向けた支援は，保護者，特に母親との信頼関係を築いていく過程ともなります。

　そのため，就学支援においても，該当児童の困難さをあげつらうようなことは決して行ってはなりません。それよりも，まずは保護者の抱えている悩みを受け止めることから始めなければなりません。「わが子に障害があることを認めようとしない」とか，「逃げてばかりでまともな話もできない」とされる保護者こそ，案外，わが子の様子を冷静に感じ取っていらっしゃる場合も少なくありません。「その困難さをわかっているからこそ，直視したくない」といった人の気持ちの細やかな動きを理解できる深い洞察力が必要となります。

未来予想図も描きつつ

　就学支援においては "6歳の春" をどのように迎えるのかと同時に，"18歳の春" をどのように迎えるのかについての豊富な支援実績に基づいたコンサルテーションも必要となります。就学先によって受けることのできる教育内容の違いや学校の専門性も含めた教育環境の違いをていねいにお話ししていきます。そのことから，わが子が育っていく上で，いずれの学校がわが子がこれから先必要とする合理的配慮を提供できるのかといった未来予想図を描いてもらうようにしていきます。保護者や，可能であれば本人にも，この学校であれば自分が必要としている教育内容や教育環境を少しでも多く提供されると納得してもらえるだけの専門的な知見も必要となります。

1 | 5 教育支援

2013（平成25）年8月に行われた学校教育法施行令一部改正により，就学基準（p.33）に該当する障害のある児童生徒は，原則特別支援学校に就学するという従来の仕組みを改め，障害の状態などを踏まえた総合的な観点から就学先を決定することとなり，就学先決定の流れが p.39の図に示したように大きく変わりました。このことにより，障害の程度が就学基準に該当する場合であっても小学校，そして，中学校への就学を決定する『認定就学・認定就学者』の規定が廃止されました。そして，就学基準に規定された障害の程度の者のうち，市町村教育委員会が総合的な観点から判断し，特別支援学校に就学することが適当であると認めたものを『認定特別支援学校就学者』とするようになりました。つまり，就学基準は特別支援学校入学のための必要条件であるとともに，総合的判断の判断基準のひとつとして位置づけられることになりました。

　その一方，この改正において，教育支援の図のように，市町村教育委員会が作成する個別の教育支援計画の活用が教育支援の基盤とされました。この個別の教育支援計画は『市町村教育委員会が，原則として翌年度の就学予定者を対象に，それまでの支援の内容，その時点での教育的ニーズと必要な支援の内容等について，保護者や認定こども園，幼稚園，保育所，医療，福祉，保健等の関係機関と連携して，『個別の教育支援計画』等として整理し，就学後は，学校が作成する個別の教育支援計画の基となるものとして就学先の学校に引き継ぐもの』*とされています。そして，『専門機関等の関係者や保護者の参加を得て，当該児童に最もふさわしい教育支援の内容や，それを実現できる就学先等を決定していく過程で作成され』*『新たな就学先における支援の充実を図るもの』*となるのです。

　今後，就学移行期に市町村教育委員会作成の個別の教育支援計画，就学後に学校が作成した個別の教育支援計画は，設置者・学校および本人・保護者に合意形成された合理的配慮の内容を明記することが不可欠となります。

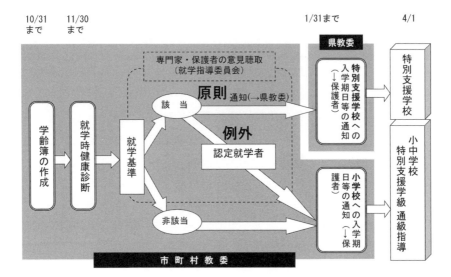

就学指導（2013（平成25）年度まで）

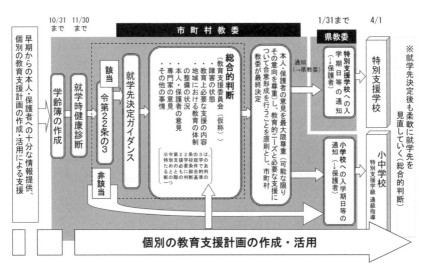

教育支援（2014（平成26）年度より）

＊文部科学省「教育支援資料」2013年

1 | 6 　幼稚園・保育所・認定こども園との連携

■ これまで以上に支援の具体を引き継いで

　教育支援（p.38）は市町村教育委員会作成の個別の教育支援計画の活用が基盤となっています。よって，市町村教育委員会作成の個別の教育支援計画のベースとなる幼稚園作成の個別の教育支援計画，保育所・認定こども園作成の個別の支援計画がこれまで以上に重要な文書となります。そこに記された特別な支援を必要とする幼児の大好きな活動や特に重視した支援の手立てをさらに具体をもって引き継いでいかねばなりません。また，その内容は保護者にも十分に伝えられ，小学校入学に向かい，不安ばかりがどうしても大きくなる保護者の心持も支える文書としていかなければなりません。

■ 園と学校の交流を盛んにして

　しかし，個別の教育支援計画・個別の指導計画は，2008（平成20）年版幼稚園教育要領等のなかでその作成が示されたにもかかわらず，その作成率は30％台にあります。背景には，幼稚園教諭等の特別支援学校教諭免許状保有率が１％に満たない状況＊や，障害児保育に対応したカリキュラムで学んだ保育士がまだ少ない状況＊＊にあることに加え，義務教育段階の全児童生徒のうち，特別支援学級在籍者は2.4％，特別支援学校小学部在籍者は0.7％であるため，幼稚園等において特別支援教育の専門性や事例の蓄積が行われにくい現状＊＊＊にあると思われます。そうした状況を踏まえ，まずは特別支援学級の授業を参観してもらったり，校外学習の行き先に幼稚園等を組み込んだりするなどし，卒園生の様子や育ちを知ってもらうことから始めることが大切になります。その理解をベースにして，特別支援学級の教育課程を知ってもらう合同研修会などを設けるなどの交流を盛んにしていきます。

＊文部科学省「教員の資質能力の総合的な向上方策に関する参考資料 Ⅱ-10.Ⅱ各学校種毎の免許状を保有する教諭の割合（平成22年度）」2012年

＊＊松尾寛子「保育士資格取得者に関する障がい児保育の専門性についての研究③」神戸常磐大学紀要6，2013年，pp.27-34

＊＊＊文部科学省「特別支援教育資料（平成29年度）」2018年

1 7 就学後の学びの場の見直し

　児童生徒の障害の状態の変化のみならず，その児童生徒の教育上必要な支援の内容，地域における教育の体制の整備の状況などの変化によっても，多様な"学びの場"の移動ができるようになりました。教育支援委員会（仮称）は以下のように，就学先への適切な情報提供や，就学後の"学びの場"の変更などに助言を行うことになりました。小学校，中学校の各段階にて，その児童生徒にとってのより良い学びを確保するための合理的配慮を提供できる学びの場であるかのモニタリングを常に行うことが不可欠となります。

　㋐　障害のある子供の状態を早期から把握する観点から，教育相談との連携により，障害のある子供の情報を継続的に把握すること。

　㋑　就学移行期においては，教育委員会と連携し，本人・保護者に対する情報提供を行うこと。

　㋒　教育的ニーズと必要な支援について整理し，個別の教育支援計画の作成について助言を行うこと。

　㋓　市町村教育委員会による就学先決定に際し，事前に総合的な判断のための助言を行うこと。

　㋔　就学先についての教育委員会の決定と保護者の意見が一致しない場合において，市町村教育委員会からの要請に基づき，第三者的な立場から調整を行うこと。

　㋕　就学先の学校に対して適切な情報提供を行うこと。

　㋖　就学後についても，必要に応じ「学びの場」の変更等について助言を行うこと。

　㋗　「合理的配慮」について，提供の妥当性や関係者間の意見が一致しない場合の調整について助言を行うこと。

文部科学省「教育支援資料」2013年

知的障害特別支援学校高等部・知的障害高等支援学校

　知的障害特別支援学校高等部・知的障害高等支援学校の教育課程は作業学習が中心であることが少なくありません。そのため，中学校まで本格的な作業活動に取り組んだことがない生徒にとっては，その戸惑いは大きいものになりがちです。また，知的障害特別支援学校高等部・知的障害高等支援学校は知的障害者に発行される障害者手帳（療育手帳など）の保有を受検条件とする学校が大半です。保護者によってはわが子が知的障害認定を受ける必要があることや，最終学歴が高等学校ではなくなることまで意識していない方もいます。知的障害特別支援学校高等部・知的障害高等支援学校を進学先として考える場合には，教育課程，通学方法，進路状況などを本人，保護者に伝え，そのことを納得した上での進学となるようにしていきます。

高等学校・専門学校

　高等学校や専門学校などを進学先と本人や保護者が考えている場合は，まず，高等学校や専門学校などは義務教育ではないことを伝えることから始まります。つまり，高等学校や専門学校などは出席の状況や定期試験の結果次第では留年や退学もあり得ることの理解を図ることが必要です。

　なお，近年，高等学校入学者選抜における障害のある受検生への合理的配慮の検討・実施が進められています。問題文への漢字のルビ振りや読み上げ，面接問題の事前提示を行っている高等学校もあります。さらに，志願者が定員に満たずに全員合格となるような高等学校を受検しようとする特別支援学級の保護者の動きもあります。

　高等学校・専門学校のみならず知的障害特別支援学校高等部・知的障害高等支援学校への進学が目的化することなく，その生徒のライフステージにおける位置づけを本人，保護者と明確にしていくことが大切となります。

2 - 1 保護者との連携

学校生活と家庭生活相互の高まりを

　知的障害のある児童生徒の学びの特性のひとつとして『学習によって得た知識や技能が断片的になりやすく，実際の生活の場面の中で生かすことが難しい』*ことがあります。そのため，知的障害のある児童生徒が学校で取り組んでいる学習内容や方法について，保護者と共通理解を図ることがとても大切になります。学校生活においてできるようになったことを，家庭生活においても活かすことのできる場面を設け，学校生活，家庭生活ともに，生活の質の高まりを求めていかなければなりません。そのため，連絡帳，学級便りを用いて，また，授業参観，個別面談の機会において，保護者との連携や情報交換などを進めることが通常の学級よりも大切になります。また同時に，家庭生活で取り組んでいる内容やその方法を伺い，学校生活をより充実したものにしていくことも大切になります。

教育内容・方法への理解の深まりを

　知的障害特別支援学級の教育内容や方法は通常の学級とは大きく異なります。そのため，至極当然のこととして，自分自身が受けた通常の学級の教育内容や方法との違いに戸惑いを示される保護者も少なくありません。そのような保護者には，保護者の戸惑いを真摯に受け止め，ていねいに対応し，説明していく担任の構えが不可欠になります。その際に大切になるのが，先に述べたような，学校生活のなかでできることが増えている様子を伝え，そして，その成果を家庭生活にも広げていく営みです。保護者にわが子の具体的な姿をとおして，その成長を実感していただくことが，担任と保護者の信頼関係を築いていく際のとても大切な土台となります。

＊文部科学省「特別支援学校学習指導要領解説　各教科等編（小学部・中学部）」2018年

2-2 個別の支援計画・個別の教育支援計画・個別の移行支援計画

個別の支援計画

2002（平成14）年に閣議決定され，2003（平成15）年度から実施された障害者基本計画において，『障害のある子どもの発達段階に応じて，関係機関が適切な役割分担の下に，一人一人のニーズに対応して適切な支援を行う計画（個別の支援計画）を策定して効果的な支援を行う』として，個別の支援計画の作成が明示されました。関係機関，すなわち，医療・福祉・労働・教育などの各専門機関が連携・協力を図り，障害者のライフステージを通じた継続的な支援体制を整備し，その時々に応じた支援の実施を意図したものです。

個別の支援計画のうち，文部科学省が管轄する機関，すなわち，幼稚園，小学校，中学校，高等学校，特別支援学校，市町村教育委員会が作成する計画は個別の教育支援計画とされます。

個別の教育支援計画

2003（平成15）年，『今後の特別支援教育の在り方について』において，『障害のある子どもを生涯にわたって支援する観点から，一人一人のニーズを把握して，関係者・機関の連携による適切な教育的支援を効果的に行うために，教育上の指導や支援を内容とする個別の教育支援計画の策定，実施，評価（「Plan-Do-See」のプロセス）が重要』として，個別の教育支援計画の作成が明示されました。

個別の移行支援計画

2001（平成13）年，『21世紀の特殊教育の在り方について』に示された個別の就業支援計画を端緒とした計画であり，個別の教育支援計画のうち，入学や就職などの移行がスムーズになされることを意図して作成する計画を個別の移行支援計画と称します。

2 - 3 　個別の指導計画

　個別の指導計画は，その必要に応じ，児童生徒一人ひとりのニーズに応じた指導目標や内容，方法などを示した書式になります。

　個別の指導計画は，1999（平成11）年版盲学校，聾学校及び養護学校小・中学部学習指導要領で始めて示され，その作成は重複障害者，自立活動に限定されたものでした。

第1章　第2節　第7　指導計画作成等に当たって配慮すべき事項　1 (5)

　　重複障害者の指導に当たっては，個々の児童又は生徒の実態を的確に把握し，個別の指導計画を作成すること。

第5章　第3　指導計画の作成と内容の取扱い　1

　　自立活動の指導に当たっては，個々の児童又は生徒の障害の状態や発達段階等の的確な把握に基づき，指導の目標及び指導内容を明確にし，個別の指導計画を作成するものとする。

　そして，2005（平成17）年の『発達障害のある児童生徒への支援について（通知）』において，その作成範囲が小学校等，自閉症へと拡大されました。

第2　発達障害のある児童生徒等への支援について

1 (1)

　　③　小学校等における「個別の指導計画」及び「個別の教育支援計画」の作成

　　　小学校等においては，必要に応じ，児童生徒一人一人のニーズに応じた指導目標や内容，方法等を示した「個別の指導計画」及び関係機関の連携による乳幼児期から学校卒業後まで一貫した支援を行うための教育的支援の目標や内容等を盛り込んだ「個別の教育支援計画」の作成を進めること。

　　(2)　盲・聾・養護学校，小学校等の特殊学級及び通級による指導においては，自閉症の幼児児童生徒に対する適切な指導の推進を図ること。その際には，

「個別の指導計画」及び「個別の教育支援計画」の作成を進めること。

　さらに，2005（平成17）年，中央教育審議会答申において次のような小学校，並びに，中学校学習指導要領の改訂方針が示されました。

　個別の教育支援計画については，今後，小・中学校も含めた策定の推進を検討するとともに，関係機関と連携した効果的な運用方法を確立する必要がある。また，今後の運用状況を踏まえつつ，「個別の指導計画」と併せて学習指導要領等への位置付けを行うことや，就学相談・指導や卒業後の就労支援における活用などを検討する必要がある。

　この方針を受け，2009（平成21）年版小学校，並びに，中学校学習指導要領解説総則編に，個別の教育支援計画，個別の指導計画に関する記載がされました。

　指導についての計画又は家庭や医療，福祉等の業務を行う関係機関と連携した支援のための計画を個別に作成することなどにより，個々の児童（生徒）の障害の状態等に応じた指導内容や指導方法の工夫を計画的，組織的に行う。

　同様に，2009（平成21）年版特別支援学校学習指導要領にもその作成・活用が明記されました。

　学校の教育活動全体を通じて，個に応じた指導を充実するため，個別の指導計画に基づき指導方法や指導体制の工夫改善に努めること。

2-4 新学習指導要領と個別の教育支援計画・個別の指導計画

　2017（平成29）年版小学校，並びに，中学校学習指導要領に，個別の教育支援計画と個別の指導計画に関する内容が記載されました。

第4　児童の発達の支援
　2　特別な配慮を必要とする児童への指導
　(1)　障害のある児童などへの指導
　エ　障害のある児童などについては，家庭，地域及び医療や福祉，保健，労働等の業務を行う関係機関との連携を図り，長期的な視点で児童への教育的支援を行うために，個別の教育支援計画を作成し活用することに努めるとともに，各教科等の指導に当たって，個々の児童の実態を的確に把握し，個別の指導計画を作成し活用することに努めるものとする。特に，特別支援学級に在籍する児童や通級による指導を受ける児童については，個々の児童の実態を的確に把握し，個別の教育支援計画や個別の指導計画を作成し，効果的に活用するものとする。

　さらに，2018（平成30）年版高等学校学習指導要領に，個別の指導計画に関する内容が記載がなされました。

第5款　生徒の発達の支援
　2　特別な配慮を必要とする生徒への指導
　(1)　障害のある生徒などへの指導
　イ(ア)　学校においては，生徒が学校の定める個別の指導計画に従って通級による指導を履修し，その成果が個別に設定された指導目標からみて満足できると認められる場合には，当該学校の単位を修得したことを認定しなければならない。

指導要録

指導要録は『児童生徒の学籍並びに指導の過程及び結果の要約を記録し，その後の指導及び外部に対する証明等に役立たせるための原簿となるものであり，各学校で学習評価を計画的に進めていく上で重要な表簿』*です。

特別支援学級でも実施可能な知的障害特別支援学校の各教科（p.60）は『特別支援学校の新学習指導要領に，小・中・高等学校等との学びの連続性を重視する観点から小・中・高等学校の各教科と同様に育成を目指す資質・能力の三つの柱で目標及び内容が整理されたことを踏まえ，その学習評価においても観点別学習状況を踏まえて文章記述を行う』**こととされています。

通知表

通知表は法定表簿ではないですが，児童生徒の学習の評価や生活の状況をまとめ，本人，保護者に伝えるため，多くの学校において作成されています。障害のある児童生徒の学習評価は『障害のない児童生徒に対する学習評価の考え方と基本的に変わるものではないが，児童生徒の障害の状態等を十分理解しつつ，様々な方法を用いて，一人一人の学習状況を一層丁寧に把握することが必要である』*とされており，このことから，特別支援学級においては，一人ひとりのできるようになったことや，できつつあること，教師や仲間と頑張っていることを真摯に受け止め，その支援の在り方も含めて，文章記述によってまとめることになります。なお，教師には，学習活動の意図や目標，手立て，児童生徒の育ちを簡潔な文章で記述する文章力も求められます。

*文部科学省「小学校，中学校，高等学校及び特別支援学校等における児童生徒の学習評価及び指導要録の改善等について（通知）」2010年
**文部科学省「小学校，中学校，高等学校及び特別支援学校等における児童生徒の学習評価及び指導要録の改善等について（通知）」2019年

2-6 連絡帳

　特別支援学級や特別支援学校に在籍する児童生徒は，学校で取り組んだことや，家庭での出来事などを，保護者や担任に自分から自分で伝えることが困難な場合が少なくありません。また，明日の予定や家庭から持参する物などを自分で心に留めておくことが困難な場合もあります。そのため，特別支援学級や特別支援学校の連絡帳は，通常の学級よりもさらに子どもたちの日々の生活を支える，また，学習活動を支えるツールとなります。

　担任から保護者に学校での様子を，保護者から担任に家庭での様子を連絡帳を用いて伝え合うことで，保護者は学校での様子を，担任は家庭での様子を予めわかった上で，わが子，そして，児童生徒一人ひとりとの会話に向かうことができるようになります。こうした取り組みは児童生徒にとって，保護者や担任に自分の伝えたいことが伝わっていく実感を育むこととなります。

　また，明日の予定や家庭から持参する物などを自分で連絡帳に記入していくことで，生活に見通しが持てるようになったり，忘れ物が少なくなっていきます。そうした実体験を重ねることで，文字を書くこと，すなわち，書き留めることの必要性を実感できるようになっていきます。

　こうした，わが子が会話を楽しむようになっていく姿や，連絡帳活用を通して文字への興味が湧き始める姿を保護者が日々感じ取っていくことこそが，わが子への期待，担任への信頼の基盤となっていきます。

　加えて，保護者によっては，連絡帳を介して子育ての悩みや，福祉手続きの疑問などを担任に伝えようとする方も多々あります。内容によっては返答に困ることもありますし，授業などのためにその時間を確保することが難しい日もあります。しかし，保護者にとっては担任以外に相談する人がいない状況の場合もあり，「詳しくは後日……」との書き出しであっても，その日のうちに返信することがとても大切です。

2 — 7 学級便り

学級便りは週末の金曜日に発行する学級が多いかと思われます。そして，その週の学校・学級での取り組みの紹介（写真付き），来週の授業計画，下校時間，お知らせ（集金・持参物など）が主な内容のようです。この発行時期・構成には，担任の"今週の取り組みのまとめ""来週の取り組みの予告"といった意図が十分に読み取れます。

しかし，特別支援学級や特別支援学校の保護者へのある調査において，"今週の取り組みのまとめ"については「わが子の様子は，毎日，連絡帳で教えてもらっている」「取り組んだことしか書かれておらず，この活動で何ができるようになったのかわからない」などとの意見が示されました。同様に，"来週の取り組みの予告"についても「やることはわかったが，この活動で大切にすることがわからない」「去年やった活動との違いがわからない」などの意見が示されました。

特別支援学級にわが子が入級した保護者にとっては，自分自身が通常の学級で受けてきた活動とは異なる活動が行われることへの不安も強く根底にあります。来週の学級での活動の意図や，その活動でわが子に付けてほしいと思っている力が何なのかがわからないままでは，その不安はさらに増していきます。

そのため，特別支援学級の学級便りには"来週の取り組みの意図と子どもたちへの願い"を保護者にわかりやすく説明し，保護者に学級の取り組みを納得していただけるようにします。

知的障害教育における教師と保護者との関係性において，教師は"説得よりも納得"を信条にしなければならないとされています。この信条は就学段階や就労段階においてのみ配慮すべきことではありません。学級便りに，保護者がわが子の日々の教育活動に納得し，不安感を抱くことがないような機能を持たせることも，教師に求められる専門性の一つとなります。

2 8 授業参観・学級懇談会

わが子の教育への納得の場として

　学級懇談会と授業参観を組み合わせて行う学校・学級がほとんどかと思われます。学級便り（p.50）と同様に，特別支援学級にわが子が入級した保護者にとっては，自分自身が通常の学級で受けてきた活動とは異なる活動が行われることへの不安も強く根底にあります。そのため，授業参観ではできるだけ児童生徒一人ひとりが生き生きと活動に取り組んでいる様子を見ていただくようにします。その際，学習支援案（略案）よりも絞り込んだ内容でよいので，参観授業で取り組む活動の意味や意図，そして，授業の展開を記した授業の説明資料も用意しましょう。

　そして，学級懇談会にて，担任から説明資料を使いながら，参観してもらった授業の感想や意見を保護者からもらうようにします。特に特別支援学級に入級したばかりの児童生徒の保護者には，他の保護者の意見や考え方が参考になり，自身の考え方を見つめ直してもらう機会ともなります。

保護者間の連携の場として

　わが子と同じように障害のある子どもの保護者と出会い，いろいろなことを気兼ねなく話すことができる機会を持つことは小学校入学まではあまり多くありません。そのため，場合によっては，教師の説明を保護者が聞いて質問を行うような説明会のような進め方よりも，保護者が中心となって教師もメンバーの一人として参加するような茶話会のような進め方をした方が保護者には親睦の機会となり，情報共有の場ともなります。しかし，居住地域が離れているなどのために顔なじみではない場合もあります。そのような時には，担任から保護者それぞれに話題にしたいことを事前に確認しておくことも大切です。場合によっては，連絡帳に書かれた内容を本人に承諾してもらった上で，皆さんに紹介することから始めてもよいかもしれません。

2 | 9 　個別面談・家庭訪問

個別面談

　各学期の学期当初と学期末に行われる学校・学級が多いかと思われます。その際，担任が作成した個別の指導計画や個別の教育支援計画を保護者に説明します。具体的には，"これからの学期において取り組みたいこと"や"今学期の中で頑張ったことやできるようになったこと"を保護者と確認するようにします。ただし，繰り返しになりますが，保護者には，自分自身が通常の学級で受けてきた活動とは異なる活動が行われることへの根深い不安があります。そのため，特別支援学級の教育内容・活動に納得してもらえるよう，担任によるていねいな，そして，具体的な説明，応答がとても重要になります。その際，どうしてもわが子の"今"の姿しか見えないような状況にある保護者には，"小学校卒業時""義務教育終了時""学校教育終了時""二十歳の時"それぞれのわが子の姿をイメージしてもらえるような対話も大切です。

家庭訪問

　土日や帰宅後の生活の様子を知ることができる貴重な機会です。ここで確認しておくと良いことは，本人，家族の平日の夜の過ごし方です。

　担任は良かれと，プリント学習や音読などの宿題や，タオルたたみ，お風呂掃除などのお手伝いを設定しがちです。そして，そのほとんどは保護者と一緒に行うような取り組みとなります。しかし，保護者が"〇曜日""〇時"なら一緒に取り組めるかの確認をしないままの提案が少なくありません。そのため，保護者は学校から提案があった直後は取り組みますが，次第にやらなく（やれなく）なっていきます。決してそのようなことにならないよう，家庭訪問の際，その家族に提案したいことを組み込める時間の隙間や余裕があるのかを具体的に確認することが必要になります。長期にわたる取り組みになりますので，無理をせず取り組めるかの確認からになります。

2 10 児童相談所・発達障害者支援センター

児童相談所

　児童福祉法第12条に基づき，都道府県や指定都市に設置義務がある児童福祉に関する専門機関です。

　基本的な機能としては，市町村援助機能，相談機能，一時保護機能，措置機能があります。

　このうち，相談業務とは基本的に18歳未満の子ども家庭相談となり，次のような相談が実施されます。

○養護相談

・養育困難に関する相談　・虐待等を受けた子どもに関する相談

・里子，養子縁組に関する相談

○障害相談

・知的障害，肢体不自由，自閉症，視覚聴覚障害，言語機能障害，重症心身障害などに関する相談

○非行相談

・虞犯行為もしくは問題行動のある子どもなどの相談

○保健相談

・低体重児，虚弱児，内部機能障害，小児喘息などの疾患をもつ子どもに関する相談

○育成相談

・性格もしくは行動上の問題を有する子どもに関する相談

・登校（園）していない状態にある子どもに関する相談

・幼児のしつけ，子どもの性教育・遊びなどに関する相談

発達障害者支援センター

発達障害者支援センターは，発達障害者支援法に規定された発達障害児・者への支援を総合的に行うことを目的とした専門的機関です。

都道府県・指定都市自ら，または，都道府県知事等が指定した社会福祉法人，特定非営利活動法人などが運営しています。

発達障害児・者とその家族が豊かな地域生活を送れるように，その業務は発達障害者支援法第14条に列挙され，その業務概要は発達障害者支援センター運営事業実施要綱に示され，要約すると次のとおりです。

○相談支援

・発達障害児・者とその家族，関係機関等から日常生活への支援相談

・保健，医療，福祉，教育，労働などの関係機関への紹介業務

○発達支援

・発達障害児・者とその家族，周囲の人の発達支援に関する相談

・知的発達や生活スキルに関する発達検査などの実施

・発達障害児・者の支援計画の作成や助言

○就労支援

・就労を希望する発達障害児・者への就労支援相談

・就労を希望する発達障害児・者への労働関係諸機関と連携して情報提供

○普及啓発・研修

・地域住民への発達障害に関する講演会開催

・発達障害の特性や対応方法のパンフレット，チラシなどの作成・配付

・発達障害を支援する関係諸機関の職員などへの発達障害に関する研修開催

2-11 障害者手帳

障害者手帳は，障害のある人に交付される手帳の総称です。

身体障害者手帳

身体障害者福祉法に基づき，『視覚障害・聴覚又は平衡機能の障害・音声機能・言語機能又はそしゃく機能の障害・肢体不自由・心臓・じん臓又は呼吸器の機能の障害・ぼうこう又は直腸の機能の障害・小腸の機能の障害・ヒト免疫不全ウイルスによる免疫の機能の障害・肝臓の機能の障害』で身体障害者障害程度等級表の１級から６級のものが対象に定められています。なお，７級のものは，１つのみでは身体障害者手帳の交付対象となりません。しかし，７級の障害が２つ以上重複する場合または７級の障害が６級の障害と重複する場合は対象となります。

療育手帳

1973（昭和48）年の『療育手帳制度について（通知）』に基づき，知的障害児・者に対して，一貫した指導・相談等が行われ，各種の援助措置を受けやすくすることを目的に，各都道府県，政令指定都市の施策となっています。自治体によって異なりますが，４段階（A1，A2，B1，B2）か２段階（A，B）に区分されています。なお，愛の手帳，みどりの手帳，愛護手帳といった別の名称としている自治体もあります。

精神障害者保健福祉手帳

1995（平成７）年の『精神障害者保健福祉手帳の障害等級の判定基準について（通知）』に基づき，『統合失調症，気分（感情）障害，非定型精神病，てんかん，中毒精神病，器質性精神障害（高次脳機能障害を含む），発達障害（心理的発達の障害，小児（児童）期及び青年期に生じる行動及び情緒の障害），その他の精神疾患』が交付対象と定められています。その程度により重度の側から１級から３級の等級が定められています。

2 |12 特別支援教育就学奨励費

『特別支援学校への就学奨励に関する法律』に基づき，障害のある幼児児童生徒が特別支援学校や小学校・中学校の特別支援学級等で学ぶ際に，保護者が負担する教育関係経費について，家庭の経済状況などに応じ，国及び地方公共団体が補助する仕組みです。なお，2013（平成25）年度より，通常の学級で学ぶ児童生徒（学校教育法施行令第22条の3に定める障害の程度に該当）についても補助対象に拡充しています。対象経費の主なものは次のとおりです。

○学校給食費
○交通費
　・通学費（付添いに要する交通費を含む）
　・帰省費（付添いに要する交通費を含む）
　・現場実習に要する経費：職業教育ための現場実習に参加する交通費
○寄宿舎居住に伴う経費
　・寝具，日用品，食費
○修学旅行費（付添いに要する交通費，宿泊費等を含む）
○学用品・通学用品購入費
　学用品：文房具，補助教材，実験実習材料，体育用靴など
　通学用品：通学用靴，雨具など
　新入学児童生徒学用品：ランドセル，通学用靴，帽子など

なお，通級指導教室への通級の場合は，通級に必要となった通学費が補助の対象となります。また，新入学学用品・通学用品購入費の購入金額の確認については領収書またはレシートが必要となります。そして，特別支援学校高等部や高等特別支援学校では"学用品・通学用品購入費"が対象から外れ，"教科用図書の購入費"が加わります。

Ⅲ

教育実践

1-1 教育課程編成の根拠（学習指導要領）

　障害のある児童生徒がその持てる力を発揮し，生き生きと自分から自分でいろいろなことに取り組もうとする姿が育つように，独自の教育課程を編成し，ていねいな教育支援を行うことが，特別支援学級の重要な使命の一つです。そうした独自の教育課程編成の根拠が，2017（平成29）年版小学校，並びに，中学校学習指導要領において初めて明示されました。そこでは次のようにその実状にあった教育課程の編成が強調されています。

第1章　総則

　第4　児童の発達の支援

　2　特別な配慮を必要とする児童への指導

　イ　特別支援学級において実施する特別の教育課程については，次のとおり編成するものとする。

　㈎　障害による学習上又は生活上の困難を克服し自立を図るため，特別支援学校小学部・中学部学習指導要領第7章に示す自立活動を取り入れること。

　㈏　児童の障害の程度や学級の実態等を考慮の上，各教科の目標や内容を下学年の教科の目標や内容に替えたり，各教科を，知的障害者である児童に対する教育を行う特別支援学校の各教科に替えたりするなどして，実態に応じた教育課程を編成すること。

＊中学校は児童を生徒に読み替える

　このような教育課程編成の方向性によって，特別支援学級に在籍する児童生徒の学びの求めに応じて，教育内容ならびに教育方法を幅広く変更・調整することが可能となったのです。

1 - 2 知的障害のある児童生徒の学習上の特性

2017（平成29）年版特別支援学校学習指導要領解説各教科等編（小学部・中学部）に知的障害のある児童生徒の学習上の特性が次のように示されています。

> 知的障害のある児童生徒の学習上の特性としては，学習によって得た知識や技能が断片的になりやすく，実際の生活の場面の中で生かすことが難しいことが挙げられる。そのため，実際の生活場面に即しながら，繰り返して学習することにより，必要な知識や技能等を身に付けられるようにする継続的，段階的な指導が重要となる。児童生徒が一度身に付けた知識や技能等は，着実に実行されることが多い。
>
> また，成功経験が少ないことなどにより，主体的に活動に取り組む意欲が十分に育っていないことが多い。そのため，学習の過程では，児童生徒が頑張っているところやできたところを細かく認めたり，称賛したりすることで，児童生徒の自信や主体的に取り組む意欲を育むことが重要となる。
>
> 更に，抽象的な内容の指導よりも，実際的な生活場面の中で，具体的に思考や判断，表現できるようにする指導が効果的である。

教師は，知的障害のある児童生徒の『学習によって得た知識や技能が断片的になりやすく，実際の生活の場面の中で生かすことが難しい』姿や，『成功経験が少ないことなどにより，主体的に活動に取り組む意欲が十分に育っていない』姿に心を砕くことがその務めになります。そして，『実際の生活場面に即しながら，繰り返して学習することにより，必要な知識や技能等を身に付けられるようにする』ことや，『児童生徒が頑張っているところやできたところを細かく認めたり，称賛したりすることで，児童生徒の自信や主体的に取り組む意欲を育む』といった教育活動の実現に専心していきます。

1 - 3 知的障害特別支援学校の各教科

> 学習によって得た知識や技能が断片的になりやすく，実際の生活の場面の中で
> 生かすことが難しいことが挙げられる。そのため，実際の生活場面に即しながら，
> 繰り返して学習することにより，必要な知識や技能等を身に付けられるようにす
> る継続的，段階的な指導が重要となる。児童生徒が一度身に付けた知識や技能等
> は，着実に実行されることが多い。

　知的障害特別支援学校の各教科は，上に示したような知的障害のある児童
生徒の学習上の特性に対応するための教科です。その特徴は，小学校の生活
科と知的障害特別支援学校小学部の生活科との相違から考えると理解するこ
とができます。小学校の生活科は1989（平成元）年版小学校学習指導要領に
おいて，社会科と理科の合科した科目として示されました。一方，知的障害
特別支援学校小学部の生活科は1970（昭和45）年版養護学校（精神薄弱教
育）小学部・中学部学習指導要領にて，知的障害のある児童生徒の『実際の
生活場面』において『必要な知識や技能等』にかかわる内容が示されました。
2017（平成29）年版特別支援学校学習指導においても，『基本的生活習慣』
『安全』『日課・予定』『遊び』『人との関わり』『役割』『手伝い・仕事』『金
銭の取り扱い』『きまり』『社会の仕組みと公共施設』『生命・自然』『ものの
仕組みと働き』から構成され，内容の一部は0歳段階のものまで含んでいま
す。そして，知的障害特別支援学校の各教科は個々の児童の学びの状態，生
活年齢などから，個々に必要な内容を設定します。さらに，2017（平成29）
年版特別支援学校教育要領・学習指導要領解説総則編（幼稚部・小学部・中
学部）において『各教科を並列的に指導するより，各教科に含まれる教科内
容を一定の中心的な題材等に有機的に統合して，総合的な指導を進める方が
より効果的な学習となり得る』とされています。

1 | 4 教育課程の二重構造

　前項で示した知的障害特別支援学校の各教科を，『並列的に指導するより，各教科に含まれる教科内容を一定の中心的な題材等に有機的に統合して，総合的な指導を進める方がより効果的な学習となり得る』*ようにするため，学校教育法施行規則に次のように規定がなされています。

第130条第1項

　特別支援学校の小学部，中学部又は高等部においては，特に必要がある場合は，第126条から第128条までに規定する各教科（次項において「各教科」という。）又は別表第3及び別表第5に定める各教科に属する科目の全部又は一部について，合わせて授業を行うことができる。

第130条第2項

　特別支援学校の小学部，中学部又は高等部においては，知的障害者である児童若しくは生徒又は複数の種類の障害を併せ有する児童若しくは生徒を教育する場合において特に必要があるときは，各教科，道徳科，外国語活動，特別活動及び自立活動の全部又は一部について，合わせて授業を行うことができる。

　知的障害特別支援学級や知的障害特別支援学校の主たる指導形態である『各教科等を合わせた指導』，すなわち，日常生活の指導，遊びの指導，生活単元学習，作業学習は第130条第2項がその法的根拠となります。そして，"ことば・かず"などの合科の授業は第130条第1項が法的根拠となります。

　こうした教育実践，特に，『各教科等を合わせた指導』は，知的障害特別支援学級や知的障害特別支援学校において，戦後一貫して，通常の学級で取り扱われている指導内容の程度を下げて指導する"水増し教育"と決別し，児童生徒の興味に応じ，生活に活きる取り組みを重視した展開がなされてきました。こうした知的障害のある児童生徒のための教育法は，ベルギーの医

師・教育学者ドクロリーなどによって示された"生活中心教育"とされる教育法です。そのため，知的障害のない児童生徒のための教育法である"教科中心教育"とは，その展開が大きく異なります。

　知的障害特別支援学級や知的障害特別支援学校の教育課程は，中学校知的障害特別支援学級を例として図にしましたが，学習指導要領で並列的に示された"指導内容"と，それを有機的に統合して行う『各教科等を合わせた指導』を含む"指導形態"からなっており，"教育課程の二重構造"となっています。知的障害特別支援学級や知的障害特別支援学校の担任にはこうした教育課程の編成と実施が重要となります。

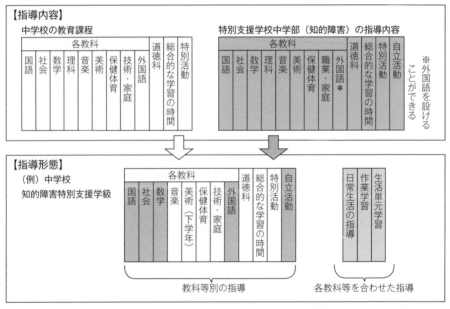

中央教育審議会（2016年）＊＊より一部改変

＊文部科学省「特別支援学校学校教育要領・学習指導要領解説総則編（幼稚部・小学部・中学部）」2018年

＊＊中央教育審議会「幼稚園，小学校，中学校，高等学校及び特別支援学校の学習指導要領等の改善及び必要な方策等について（答申）別紙」2016年

1-5 各教科等を合わせた指導

専門性と教育理念を高めて

『各教科等を合わせた指導』について，2017（平成29）年版特別支援学校学習指導要領解説各教科等編（小学部・中学部）に次のように示されています。

> 知的障害者である児童生徒に対する教育を行う特別支援学校においては，児童生徒の学校での生活を基盤として，学習や生活の流れに即して学んでいくことが効果的であることから，従前から，日常生活の指導，遊びの指導，生活単元学習，作業学習などとして実践されてきており，それらは「各教科等を合わせた指導」と呼ばれている。

> 個々の生徒の知的障害の状態や生活年齢に加え，興味や関心，これまでの学習や経験してきた内容などを全体的に把握した上で，効果的な指導の形態を選択していくことである。指導の形態には，教科ごとの時間を設けて指導する「教科別の指導」や各教科，道徳科，特別活動及び自立活動を合わせて指導を行う「各教科等を合わせた指導」がある。単元などの学習のまとまりをとおして，生徒の学習成果が最大限に期待できる指導の形態を柔軟に考えられるようにすることが大切である。

"指導内容の分類"と"指導の形態"が完全一致している通常の学級の教育課程編成とはその捉えが大きく異なっています。そのため，前項で示した"教育課程の二重構造"を理解し，実践していくことは，知的障害のある児童生徒がその持てる力を発揮できる教育活動の創造となります。ただし，その実施においては，知的障害のある児童生徒の学習上の特性の的確な理解な

どの教師の専門性の高さや，教育観，障害観，授業観，子ども観などの教師自身の授業づくりにかかわる教育理念の高まりも不可欠となります。

■ 新たな教育理念を構築して

　知的障害特別支援学級や知的障害特別支援学校の教師となった時の大きな不安のひとつに『各教科等を合わせた指導』の理解とその実践があります。「気をつけ礼はしなくてもいいの？」「導入・展開・まとめはなくてもいいの？」「去年もやったことをまたやっていいの？」などとその悩みや疑問は尽きません。

　この一因として，教師を職業に選択した人は，"教科中心教育"によって編成された教育課程のもと，45分ないし50分の授業時間の枠のなかで，教科書を読み，黒板に書かれたことをノートに書き留め，発表して，テストを受ける授業の繰り返しに最も順応した人なのです。さらに，自分が順応してきた"教科中心教育"の担い手として，自分のような児童生徒を育てることを夢見て教師になった人が少なくないと思われます。

　しかし，知的障害特別支援学級や知的障害特別支援学校の教師になると，児童生徒とともに，大型遊具を作って遊んだり，玄人はだしの製品を製作・販売したりと，これまで自分が学校で全く取り組んできたことのない『各教科等を合わせた指導』に没頭する日々となります。こうした『各教科等を合わせた指導』の取り組みは，通常の学級ではその持てる力を発揮しにくい児童生徒のための主たる教育活動なのです。そのため，自分が通常の学級の児童生徒として形作ってきた教育理念や理想の授業像を，担任した知的障害のある児童生徒の学びの姿から無条件で再構築しなければなりません。

　この教育の先達である三木安正先生は『知的障害児のために最も適切な教育を追求した結果が，障害のない子どもの教育と同じになったというのならよいが，それを求めようとせずに障害のない子どもの教育の枠で考えようとする。つまり，そういう点では，われわれ自身がそうした能力に欠けているのである』といった旨の言葉を残しています。インクルーシブ教育システムの構築が図られる今こそ，この言葉を真摯に受け止めなければなりません。

1-6 教科別の指導

子どもにとっての必然性を大切にして

『教科別の指導』について，2017（平成29）年版特別支援学校学習指導要領解説各教科等編（小学部・中学部）には次のように示されています。

> 指導を行う教科やその授業時数の定め方は，対象となる児童生徒の実態によっても異なる。したがって，教科別の指導を計画するに当たっては，教科別の指導で扱う内容について，一人一人の児童生徒の実態に合わせて，個別的に選択・組織しなければならないことが多い。その場合，一人一人の児童生徒の興味や関心，生活年齢，学習状況や経験等を十分に考慮することが大切である。

> 例えば，算数の時間に金銭の数量的な扱いを学習した時期と同じくして，金銭の数量的な知識を生かして，実際の生活場面に即しながら学習することのできる単元について，生活単元学習として位置付けることなどが考えられる。

　このことからもわかるように，小学校や中学校のように学習指導要領に示された"指導内容"を教科書を使って一斉指導し，テストで評価する展開ではありません。今の生活のなかで活かすことができるよう，個々の児童生徒に応じ，また，『各教科等を合わせた指導』や家庭生活での展開も検討しなければならないのです。決して，"いつか役に立つことがあるかもしれない"指導内容を机上の学習のみで終わらせることがあってはなりません。

　ただし，教師は学問（教科）の多くの知識を持ち，その系統性を理解し，児童生徒の求めに応じて授業を展開する力量が必要です。教師の知的能力の限界で児童生徒の取り組みが限定されることは決してあってはなりません。

1 7 できる状況づくり

> 成功経験が少ないことなどにより，主体的に活動に取り組む意欲が十分に育っていないことが多い。そのため，学習の過程では，児童生徒が頑張っているところやできたところを細かく認めたり，称賛したりすることで，児童生徒の自信や主体的に取り組む意欲を育むことが重要となる。

　知的障害のある児童生徒は，ややもすると，"甘えている子""やる気のない子"と見なされ，"失敗は成功のもと"とばかりに，失敗体験を重ねるだけの生活になりがちです。しかし，失敗経験を重ねれば重ねるだけ，教師の顔色を窺うようになり，自分から自分で取り組もうとする意欲は萎え，できるようなことであっても教師の指示待ちになってしまいがちです。

　そのため，知的障害のある児童生徒を"できる状況が整えば，たくさんできることがある子"とする子ども観に立つことがこの教育の第一歩となります。教師はその具現化としての"できる状況づくり"に努めます。

　"できる状況づくり"は"子どもが，精いっぱい取り組める状況と，首尾よく成し遂げられる状況"を言います。精いっぱい取り組んでも首尾よく成し遂げられなければ満足感・成就感に乏しく，精いっぱい取り組むことなく首尾よく成果だけを得ても，十分な満足感・成就感を得にくいことになります。精いっぱい取り組める状況と首尾よく成し遂げられる状況いずれも十分につくることが，"できる状況づくり"になります＊。"学習の過程で児童生徒を認めたり賞賛したりする"ためには，"できる状況づくり"を中心的活動，１日・１週間の生活，学期，年間といった学校生活の枠組みから検討します。そして，単元毎のテーマ設定，活動内容，活動量，日程計画，活動の流れ，場の設定，道具・補助具・遊具など，教師の支援も検討します。

＊小出進監修『実践生活中心教育』学研，2002年

1-8 水増し教育からの脱却

> 抽象的な内容の指導よりも，実際的な生活場面の中で，具体的に思考や判断，表現できるようにする指導が効果的である。

　知的障害を含む発達障害*のある児童生徒の発達上の大きな課題として，『10歳の壁』**があります。10歳の壁は，具体的思考から抽象的思考への質的な変換が困難な状況にあることを指す教育用語です。

　この10歳の壁への対応とし，知的障害のある児童生徒の学習上の特性においても『抽象的な内容の指導よりも，実際的な生活場面の中で，具体的に思考や判断，表現できるようにする指導が効果的である』とされています。

　こうした学習上の特性から，知的障害のある児童生徒にとっては，小学校学習指導要領に示された４年生ないし５年生以上の内容を全て履修することはほぼ困難となります。こうした学習上の特性を知らないままに授業計画を行うと，小学校４年生ないし５年生の学習内容を，机上で黒板や教科書を用いて，何学年にもわたって教えたとしても，"教えては忘れ，忘れては教える"ことの繰り返しになってしまうことになります。そうした学習時間だけは確保しているように見えても，その実同じ学習内容を繰り返して行っているような教育の状況を"水増し教育"と言います。水で薄めた教育，すなわち，見せかけだけの教育で，その実は乏しい教育なのです。

　知的障害教育においては，太平洋戦争終戦間もない頃から，教育実践の結果を踏まえ，"水増し教育"を行うことは厳禁とされてきました。知的障害教育に携わる教員はこうした教育の基本原則を忘れず，知的障害のある児童生徒にとって，実りのある教育実践に努めなければなりません。

*日本発達障害学会監修『発達障害基本用語辞典』金子書房，2008年
**野邑健二他「軽度発達障害と10歳の壁」精神科2 (6)，pp.535-537，2003年

1-9 教育課程編成の基本事項

　知的障害のある児童生徒に期待する学びの姿や，卒業までに育みたい姿が，2017（平成29）年版特別支援学校学習指導要領解説各教科等編（小学部・中学部）に次のように明示されました。

> 児童生徒が一度身に付けた知識や技能等は，着実に実行されることが多い。

> 　卒業後の就労等の進路先では，物事にひたむきに取り組む態度や誠実さといった学びに向かう力や人間性が十分発揮されやすい。

　こうした知的障害のある児童生徒に期待する学びの姿や，卒業までに育みたい姿をより確かなものとするためには，"できる状況づくり"（p.66）の徹底が不可欠となります。その際に配慮すべき点が，2017（平成29）年版特別支援学校学習指導要領解説各教科等編（小学部・中学部）において『知的障害のある児童生徒のための教育課程編成の基本事項』10項目として示されています。

(1)　特別支援学校小学部・中学部学習指導要領第1章第3節の3の(1)のク及び(3)のアの(ｵ)に示すとおり，児童生徒の知的障害の状態，生活年齢，学習状況や経験等を考慮して教育的ニーズを的確に捉え，育成を目指す資質・能力を明確にし，指導目標を設定するとともに，指導内容のより一層の具体化を図る。

(2)　望ましい社会参加を目指し，日常生活や社会生活に生きて働く知識及び技能，習慣や学びに向かう力が身に付くよう指導する。

(3)　職業教育を重視し，将来の職業生活に必要な基礎的な知識や技能，態度及び人間性等が育つよう指導する。その際に，多様な進路や将来の生活について関

わりのある指導内容を組織する。

(4)　生活の課題に沿った多様な生活経験を通して，日々の生活の質が高まるよう指導するとともに，よりよく生活を工夫していこうとする意欲が育つよう指導する。

(5)　自発的な活動を大切にし，主体的な活動を促すようにしながら，課題を解決しようとする思考力，判断力，表現力等を育むよう指導する。

(6)　児童生徒が，自ら見通しをもって主体的に行動できるよう，日課や学習環境などを分かりやすくし，規則的でまとまりのある学校生活が送れるようにする。

(7)　生活に結びついた具体的な活動を学習活動の中心に据え，実際的な状況下で指導するとともに，できる限り児童生徒の成功経験を豊富にする。

(8)　児童生徒の興味や関心，得意な面に着目し，教材・教具，補助用具やジグ等を工夫するとともに，目的が達成しやすいように，段階的な指導を行うなどして，児童生徒の学習活動への意欲が育つよう指導する。

(9)　児童生徒一人一人が集団において役割が得られるよう工夫し，その活動を遂行できるようにするとともに，活動後には充実感や達成感，自己肯定感が得られるように指導する。

(10)　児童生徒一人一人の発達の側面に着目し，意欲や意思，情緒の不安定さなどの課題に応じるとともに，児童生徒の生活年齢に即した指導を徹底する。

　この10項目を，実際の教育課程編成において，具現化していけるかが，知的障害特別支援学級や知的障害特別支援学校の教師の専門業務の，重要な指標のひとつとなります。

1-10 個への対応：基本事項(1)

> 児童生徒の知的障害の状態，生活年齢，学習状況や経験等を考慮して教育的ニーズを的確に捉え，育成を目指す資質・能力を明確にし，指導目標を設定するとともに，指導内容のより一層の具体化を図る。

　2001（平成13）年『21世紀の特殊教育の在り方について（最終報告）』にて個々の特別な教育的ニーズに応じた教育活動が謳われ，そして，2003（平成15）年『今後の特別支援教育の在り方について（最終報告）』において個別の教育支援計画や個別の指導計画の策定が示されました。よって，"個への対応"が重視されたのは近年であるというような印象を持つ教師も少なくないように思われます。

　しかし，知的障害教育においては"個への対応"が，戦後一貫して，対応原理とされています。それは，養護学校（特別支援学校）学習指導要領にも連綿と引き継がれています。まず，養護学習指導要領が初めて示された1963（昭和38）年版にて『ひとりひとりに即応した内容の選定』『個人差に応じた指導』が記されました。1970（昭和45）年版では『個人差に即した指導』『個々の児童または生徒の指導成果の評価と改善』が強調されました。

　そして，養護学校義務化となった1979年（昭和54）版には『個人差に即した』の必要性が示されました。加えて，1989（平成元）版には『個に応じた指導』が盛り込まれ，同解説，養護学校（精神薄弱教育）にて，『個別指導の重視』と『授業形態や集団の構成』が例示されました。さらに，1995年（平成11）版では自立活動の指導において個別の指導計画の作成とそれに基づく指導の実施が規定され，『個別指導』の重視も記載されました。

　このように，知的障害教育においては，"個への対応"がその対応原理であり，教師にはその徹底が求められています。

1-11 深い学び：基本事項⑵

> 望ましい社会参加を目指し，日常生活や社会生活に生きて働く知識及び技能，習慣や学びに向かう力が身に付くよう指導する。

中央教育審議会*は『深い学び』にかかわって次のように示しています。

> 習得・活用・探究という学習プロセスの中で，問題発見・解決を念頭に置いた深い学びの過程が実現できているかどうか。

　知的障害のある児童生徒は，その学習上の特性から，探求・習得という学習プロセスを描くとされています**。こうした学びのプロセスの順序性の違いを殊更に強調する向きもあります。しかし，そのことが知的障害のある児童生徒の独自の学びのプロセスを否定するようであっては，ダイバーシティを標榜するわが国のこれからの社会の在り方と相矛盾することになりかねません。また，それぞれの学びの特徴，すなわち，特別な教育的ニーズへの支援的対応が特別支援教育そのものであるはずです。

　そして，学習指導要領解説で示された『日常生活や社会生活に生きて働く知識及び技能，習慣』をなすためには，教養性の高い学習内容よりも実用性の高い学習内容を個々の児童生徒に合わせ選択することが不可欠です。さらに，実際的な活動に取り組み，その活動を首尾良く成し遂げていく過程において様々な知識及び技能，習慣を身に付けていく『各教科等を合わせた指導』のさらなる充実が不可欠になります。

＊中央教育審議会「教育課程企画特別部会　論点整理」2015年
＊＊名古屋恒彦『「各教科等を合わせた指導」エッセンシャルブック』ジアース教育新社，2019年

1 | 12 対話的な学び：基本事項(3)

> 　職業教育を重視し，将来の職業生活に必要な基礎的な知識や技能，態度及び人間性等が育つよう指導する。その際に，多様な進路や将来の生活について関わりのある指導内容を組織する。

　中央教育審議会*は『対話的な学び』にかかわって次のように示しています。

> 　他者との協働や外界との相互作用を通じて，自らの考えを広げ深める，対話的な学びの過程が実現できているかどうか。

　知的障害教育における職業教育の中心となる作業学習では『物事にひたむきに取り組む態度や誠実さ』**といった人間性を育むことも大切にされています。こうした人間性は，作業学習における流れ作業によって，自分の頑張りが次の工程の仲間の頑張りにつながっていることや，自分の前の工程の仲間の頑張りがあるから自分も頑張れることを安心感や信頼感を実感できることから育まれていきます。このような生徒，そして，教師の相互作用的な学びこそが『対話的な学び』となります。

　なお，『対話的な学び』を"会話による学び"と短絡的に理解し，必要性のあまりない報告・連絡・相談を生徒に強いている知的障害特別支援学級や知的障害特別支援学校も少なからずあります。そうした表層的な理解による取り組みは決してあってはなりません。

*中央教育審議会「教育課程企画特別部会　論点整理」2015年
**文部科学省「特別支援学校学習指導要領解説各教科等編（小学部・中学部）」2018年

1 13 QOL：基本事項(4)

> 生活の課題に沿った多様な生活経験を通して，日々の生活の質が高まるよう指導するとともに，よりよく生活を工夫していこうとする意欲が育つよう指導する。

　QOL（Quality of Life）は"生活の質"や"豊かな人生"などと訳されます。わが国では，1970年代以降に，医療や福祉の分野において，個々人の生活全般，そして，一生涯にわたる生活の豊かさを求める語として使用されるようになりました。

　かつて，障害者への対応は，ADL（Activities of Daily Living：日常生活動作）の自立を目標とした長期にわたる訓練や指導が行われていました。その多くはエンドレスのような訓練や指導となりがちでした。そのため，一生涯を訓練や指導に費やすことがその人の人生においてどのような意味があるのかが問われるようになりました。そして，ライフサイクルを考えた対応の検討が必要とされ，"ADLからQOLへ"と提唱されるようになりました。

　わが国におけるQOLの定義としては，厚生省が示した『日常生活や社会生活のあり方を自らの意思で決定し，生活の目標や生活様式を選択できることであり，本人が身体的，精神的，社会的，文化的に満足できる豊かな生活』が代表的に定義されています*。この定義からもわかるように，QOLの高まりには本人の意思決定が強く関与しています。しかし，知的障害のある児童生徒にその決定は容易ではありません。そのため，児童生徒が『生活の課題に沿った多様な経験』をとおすことによって，日々が豊かな生活となることから進めていきます。

*厚生省「障害者・児施設のサービス共通評価基準」2000年

1-14 主体的な学び：基本事項(5)

　自発的な活動を大切にし，主体的な活動を促すようにしながら，課題を解決しようとする思考力，判断力，表現力等を育むよう指導する。

中央教育審議会*は『対話的学び』にかかわって次のように示しています。

　子供たちが見通しを持って粘り強く取り組み，自らの学習活動を振り返って次につなげる，主体的な学びの過程が実現できているかどうか。

　特別支援教育は『障害のある幼児児童生徒の自立や社会参加に向けた主体的な取組を支援するという視点』**に立つ教育であり，『主体的な学び』と方向性を一にするものです。

　さらに，中央教育審議会*は『子供の学びに向かう力を刺激するためには，実社会や実生活に関わる主題に関する学習を積極的に取り入れていくこと』や『体験活動の充実』といった教育実践の方向性を示しています。この方向性は特別支援学級や特別支援学校の教育，そのなかでも，知的障害教育において重視されてきた『各教科等を合わせた指導』を中核とする教育実践の方向性と重なります。

　なお，『自らの学習活動を振り返って』をそのまま読み取り，製作の時間を削って作業日誌を書く時間を20分取ったり，遊び込んでお腹がペコペコの児童一人ひとりに向かって「今日はどんな遊びをした？　楽しかった？」と尋ねることといった，形式だけの取り組みが増えるようなことがあってはなりません。

*中央教育審議会「教育課程企画特別部会　論点整理」2015年
**文部科学省「特別支援教育の推進について（通知）」2007年

1-15 帯状の週日課：基本事項(6)

児童生徒が，自ら見通しをもって主体的に行動できるよう，日課や学習環境などを分かりやすくし，規則的でまとまりのある学校生活が送れるようにする。

今日に満足し明日を楽しみにする生活を

知的障害教育においては，『規則的でまとまりのある学校生活』となるように，p.76に例示した週日課のような "帯状の週日課" が基本形となっています。『各教科等を合わせた指導』である生活単元学習や作業学習を午前中に大きく帯状に位置づけ，その日課を繰り返していくのです。そして，その前後に，日常生活の指導や『教科別の指導』をできる限り帯状に位置づけます。こうした週日課とすることで，児童生徒は学校生活に見通しを持つことができ，朝から「今日，○○をするんだ」と，着替えや係活動にも素早く向かうようになっていきます。そして，「明日も○○をやるんだ」という声を残しつつ，学校を後にするようになります。

今年もやりたいね，今年はこんなことをやりたいな

年間計画は，p.77に例示した年間計画のように，週日課の中心に位置づけた生活単元学習や作業学習のテーマを，学級の児童生徒の様子から，「今年も○○を」とか「今年は△△なことも」と検討し，決定していきます。その際，その時期ならではのテーマなのか，自然な流れで取り組めるテーマなのか，児童生徒が欲しているテーマなのかも検討し，テーマそのものの質も高まるようにします。一つの単元の期間は，そのテーマや活動内容にもよりますが，児童生徒がある程度は繰り返して取り組める期間であることや，あまりにも長期になると見通しを持ちにくくなることから，2週間から4週間とします。

Ｇ小学校特別支援学級（低学年）の日課

	月	火	水	木	金
8:45			日常生活の指導		
9:40			（着替え・係活動・朝の会）		
			教科別・領域別の指導		
10:25	（英語活動）	（図工）	（音楽）	（体育）	（国語）
			生活単元学習		
11:35					
			日常生活の指導（給食準備）		
13:10			給　　食		
			昼　休　み		
14:00			掃　　除		
			教科別・領域別の指導		
14:45	（国語）	（国語）	（算数）	（総合）	（算数）
			日常生活の指導		
15:00			（着替え・帰りの会）		

Ｇ中学校特別支援学級の日課

	月	火	水	木	金
8:15			日常生活の指導		
8:45			（着替え・係活動学級・朝の会）		
			生活単元学習／作業学習		
10:45			教科別の指導		
	（国語）	（体育）	（国語）	（体育）	（英語）
			教科別の指導		
12:35	（音楽）	（道徳）	（体育）	（数学）	（数学）
			給　　食		
13:55			昼休み・掃除		
			教科別・領域別の指導		
14:55	（総合）	（音楽）	（生徒会）	（総合）	（美術）
	領域別の指導	日常生活の指導	領域別の指導	日常生活の指導	領域別の指導
15:45	（学活）	（帰りの会）	（学活）	（帰りの会）	（総合）
	日常生活の指導		日常生活の指導		日常生活の指導
16:10	（帰りの会）		（帰りの会）		（帰りの会）

G小学校特別支援学級（低学年）の生活単元学習の年間計画

月	単元名	行事など
4	にっこりさんぽ・はる	前期始業式 入学式 1年生を迎える会 ふぞくっ子集会
5	くるくるサンドウィッチ エルモランドであそぼう	遠足（特別支援学級）
6	にっこりさんぽ・なつ	
7	なつ・みずあそび つめたいおやつ	合宿（特別支援学級）
8		デイキャンプ （特別支援学級）
9	うんどうかい にんにんにんじゃ	運動会 遠足（特別支援学級）
10	にっこりさんぽ・あき	前期終業式 後期始業式 ふぞくっ子集会
11	にっこりまつりをしよう	にっこり祭り
12	おたのしみかいをしよう にっこりさんぽ・ふゆ	お楽しみ会 （特別支援学級）
1	ふゆ・そりあそび	交流もちつき大会
2	げきをしよう	学習発表会 Gっ子集会
3	ありがとうパーティーをしよう	お別れ会（特別支援学級） 遠足（特別支援学級） 卒業式 修了式

G中学校特別支援学級の生活単元学習・作業学習の年間計画（1年生）

月	単元名 生活単元学習	単元名 作業学習（印刷）	行事など
4	中学生スタート		前期始業式 入学式 宿泊研修 新入生歓迎会
5		球技大会のはちまきを印刷しよう	球技大会
6		G大学で販売しよう 一筆箋の製作	
7			G大学での販売
8			G大学生協での委託販売
9	文化祭の劇を成功させよう！		
10			前期終業式 後期始業式
11		校内作品展で販売しよう カレンダーの製作	文化祭
12			
1			校内作品展
2	お別れ会を成功させよう！	PTAの色紙を印刷しよう	お別れ会
3		駅伝のゼッケンを印刷しよう	卒業式 修了式

1-16 学習活動の実生活化：基本事項(7)

> 生活に結びついた具体的な活動を学習活動の中心に据え，実際的な状況下で指導するとともに，できる限り児童生徒の成功経験を豊富にする。

　知的障害のある児童生徒の学びの特徴『学習によって得た知識や技能が断片的になりやすく，実際の生活の場面の中で生かすことが難しい』への対応とし，学習活動は，"現実度"の高さがとても重要になります。現実度を高めるためには，学校生活を通常の学級に倣って疑似体験化することでお茶を濁すことなく，"学習活動の実生活化"を図っていけるかが鍵となります。

　例えば，社会見学の事前学習。教室に段ボールで外枠，タブレットPCで液晶画面を模した発券機が設置され，児童は教師に促されて△△駅のボタンを押し，首に下げた財布から前もって数えておいた模擬貨幣を投入。すると，教師が満面の笑みを添えて切符風の券を手渡し，廊下へ促す。廊下には○○駅と書かれたパネルと木製台車。運転帽姿の教師が「△△駅行きの電車が出発。お急ぎください」とアナウンス。児童は奪い取られるように券を渡して台車へ。校内を一周してくると，○○駅のパネルは裏返され△△駅に。教師は最後の仕上げに「社会見学もこれで大丈夫ね」と口にします。しかし，そんなことを何度繰り返しても，社会見学当日，児童は初体験に戸惑うばかり。教師も最初の内は試験とばかりにそっけない態度をするも，しまいには手も口も出すことに。それよりも，学校ではパーティーの材料購入や動物園へのミニ旅行をする活動や，休日は家族とノーマイカーデーとしてバスや電車でのお出かけの繰り返し，運賃は交通系ICカードで支払えば，皆，支払いできる子になります。実生活では失敗したままややり直しはあり得ません。授業は校内で完結させるものとの授業観から脱却し，児童生徒が取り組むことを肌で感じとる"学習活動の実生活化"を行っていきます。

1-17 無誤学習：基本事項(8)

> 児童生徒の興味や関心，得意な面に着目し，教材・教具，補助用具やジグ等を工夫するとともに，目的が達成しやすいように，段階的な指導を行うなどして，児童生徒の学習活動への意欲が育つよう指導する。

　次の解説は，同解説書の『小学部における指導計画の作成と各教科全体にわたる内容の取り扱い』に示されたもので，中学部，高等部も同様です。

> 児童の様子を逐次把握したり，適切な師範を示したりすることができるように，教師と児童が共に活動するとともに，指導の過程において，事前の指導計画に沿わない場合も想定し，児童の学習状況に応じて柔軟に学習活動を修正したり，発展させたりする指導計画の工夫も大切である。

　『教材・教具，補助用具やジグ等を工夫する』『段階的な指導を行う』『児童の様子を逐次把握したり，適切な師範を示したりする』『教師と児童が共に活動する』などしたりと，児童生徒が常に誤ったやり方をせずに学習を進めることができる指導，すなわち，無誤学習にて学習活動は展開することが繰り返し示されています。

　知的障害のある児童生徒，そのなかでも，自閉症を併せ有する児童生徒は，一度学習（経験）したことをリセットして，別のやり方を再学習することにとても強い難しさを見せることが少なくありません。

　そのため，教師と児童生徒がともに活動しながら，やり方をやって見せたり，教材・教具，補助用具やジグなどを工夫したりして，段階的に行っていかなければならないのです。“まだ幼いから”とか“とりあえず”で進めておくと，取り返しのつかないことになってしまうやもしれません。

1-18 集団化と個別化：基本事項(9)

> 　児童生徒一人一人が集団において役割が得られるよう工夫し，その活動を遂行できるようにするとともに，活動後には充実感や達成感，自己肯定感が得られるように指導する。

　基本事項(1)（p.70）において，"個への対応"が知的障害教育の対応原理であることを説明しました。それに合わせて，学校生活ならではの仲間や教師との取り組みも大切にします。このことは"集団化と個別化"と称され，集団化と個別化の関係性は次のように考えられています*。

> 　集団化は，仲間と取り組む生活の良さの最大限の実現を図る。テーマを共有し，テーマに沿ってともに活動し，満足感，成就感を分かち合う生活の実現を目指す。どの子も共有できる生活のテーマを設定し，どの子も取り組める多様な活動を計画する。集団化を確かに実現するために，どの子も仲間とともに取り組めるよう，一人ひとりの活動の最適化を徹底することが個別化である。個別化では，一人ひとりに合わせた活動に，より自立的，主体的に取り組めるよう，手を尽くす。集団化は，個別化を図らない一斉化や画一的ではない。個別化は，仲間から切り離された孤立化ではない。集団化と個別化を一体的にとらえ，徹底すれば，どの子も仲間とともに，自立的・主体的に取り組む学校生活となる。

　特別支援学級や特別支援学校においても，学校教育ならではの良さである"集団化"と，個々の特別的な教育的ニーズに応じる"個別化"を大切にした教育実践とします。

＊小出進監修『実践生活中心教育』学研，2002年

1 19 生活年齢への対応：基本事項(10)

> 児童生徒一人一人の発達の側面に着目し，意欲や意思，情緒の不安定さなどの課題に応じるとともに，児童生徒の生活年齢に即した指導を徹底する。

　知的障害のある児童生徒の教育活動には知能検査などを用いた心理アセスメントを活用し，一人ひとりの発達の側面の様相に応じた取り組みが必要になることも少なくありません。しかし，その発達の様相は検査者との関係性において児童生徒が示したその時の姿でしかないことも踏まえておかねばなりません。また，知能検査で示された"精神年齢"は，使用した知能検査で導き出せる限定されたものでしかありません。決して，その児童生徒の全てを表すものではありません。このことにかかわって，2017（平成29）年版特別支援学校学習指導要領解説各教科等編（小学部・中学部）に次のことが初めて示されました。

> 「知的機能の発達に明らかな遅れ」がある状態とは，認知や言語などに関わる精神機能のうち，情緒面とは区別される知的面に，同年齢の児童生徒と比較して平均的水準より有意な遅れが明らかな状態である。

　つまり，知的障害とは認知や言語にかかわる知的面には明らかな遅れがありますが，情緒面には明らかな遅れはないということなのです。知的障害のこうした理解に立てば，生活年齢での対応，つまり，14歳の生徒であれば，青年期の入り口に立つ14歳の人としての接し方でなければならないのです。このことは本人は意識しづらいことですので，保護者，教師などの周囲の者が心しておくべきことになります。

1-20 ☆本・附則9条本

　わが国の小学校・中学校・高等学校・中等教育学校・特別支援学校においては，原則，文部科学省検定教科書または文部科学省著作教科書を使用しなければなりません。そして，義務教育の間は無償給与されます。

　しかし，文部科学省検定教科書は小学校学習指導要領，中学校学習指導要領，高等学校学習指導要領とその各解説で示された各教科の内容に応じて作成されているため，知的障害特別支援学校の各教科には対応していません。

　そのため，文部科学省著作教科書（特別支援学校知的障害者用）は，国語科，算数科（数学科），音楽科の各教科書として『こくご☆・こくご☆☆・こくご☆☆☆・国語☆☆☆☆』『○さんすう☆・さんすう☆☆⑴・さんすう☆☆⑵・さんすう☆☆☆・数学☆☆☆☆』『○おんがく☆・おんがく☆☆・おんがく☆☆☆・音楽☆☆☆☆』が発行されています。内容段階が☆の数で示されており，☆（ほし）本と称されています。なお，知的障害のある児童生徒の学びの特性やその対応教科数からこの教科書だけですべての授業を行うことは現実的ではありません。

　さらに，知的障害特別支援学校や知的障害特別支援学級の教科用図書として，学校教育法附則9条において，一般図書を教科用図書として採択することが可能となっていて，附則9条本と称されています。附則9条本は前年度の担任が選定するため，その使用意図は次担任にはなかなか伝わりにくい面もあります。

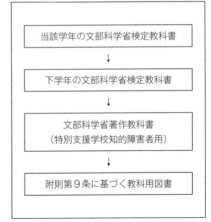

当該学年の文部科学省検定教科書

↓

下学年の文部科学省検定教科書

↓

文部科学省著作教科書
（特別支援学校知的障害者用）

↓

附則第9条に基づく教科用図書

教科書選択の考え方

2 — 1 日常生活の指導

　日常生活の指導は，児童生徒の日常生活が充実し，高まるように日常生活の諸活動について，知的障害の状態，生活年齢，学習状況や経験などを踏まえながら計画的に行う教育活動です。日々の学校生活が豊かなものとなるように，児童生徒と教師が一緒になって取り組んでいきます。

■ 多様な活動を含んだ必然性のある場面を大切に

　日常生活の指導は，基本的生活習慣に関する技能の向上やその習慣化への支援が中心的な取り組みになります。ただ，学校生活の質を高める取り組みでもありますから，朝の会，帰りの会，朝の運動，合唱，係活動，掃除，日記書きなどの日課として行う活動もその大切な取り組みの一つとなります。そして，それらの活動を，児童生徒の学校生活の自然な流れにそい，その活動を行う必然性のある実際的な場面で，教師もともに行います。こうした活動や場面の"現実度"の高さが児童生徒にとってとても重要となります。

■ 得意なこと・できつつあることを大切に

　児童生徒が得意としていることやできつつあることを大切にし，その活動によりよく取り組むことができるように支えていきます。また，一つのことができるようになったら，より上手に取り組めるようにと段階的に進めていくなどといった教師の配慮が不可欠になります。

■ 中学校でも日々の生活の豊かさを大切に

　中学校では，日常生活の指導を行っていない学級もあります。しかし，生徒の日々の生活が豊かなものとなるように，中学校でも重要な教育活動の一つになります。そして，青年期のエチケットも含めた洋服の選択，身の回りの処理などの適切な支援をしていくことも重要になります。

2 2 登下校

社会生活への第一歩

　特別支援学校はスクールバスや保護者送迎での登下校や，放課後デイサービス利用の下校がその大半となっています。特別支援学級も放課後デイサービス利用の下校が多くなってきています。しかし，登下校は交通マナーの遵守だけでなく，天候への対応，街の人たちとの触れ合いなどを，毎日，決まった時間帯に行うことができる貴重な学びの機会なのです。そして，その積み重ねが将来の生活へとつながっていきます。保護者の送迎，デイサービスの迎えだけなく，休日も車で出かけ，傘を差して歩いたり，横断歩道を渡ったりする経験のない児童も少なくありません。仕事を持つ保護者が大半の状況かと思いますが，学校まで歩いて登校することから学校生活が始まるとの意識を保護者や学級担任が共通理解しておくことが，何にも増して必要です。

五月雨登校のすすめ

　学校の始業に合わせて児童生徒がほぼ同じ時間帯に登校する学級がほとんどかと思います。しかし，一度に登校してしまうと，どうしても支援がよりたくさん必要な児童生徒に教師の意識も対応も向くことになりがちです。結果として，いろいろ活動に取り組みたい児童生徒が待たされ，無為に過ごすことになりがちです。そうした状況にならないよう，児童生徒が一人ずつもしくは数名が五月雨のようにパラパラと登校するように時間設定をします。登校する順番はいろいろなことに取り組んで，挑戦してほしい児童生徒からにします。最初に登校した児童生徒が着替えを終えて最初の係活動に取り組みかかった頃に，第二陣の児童生徒が登校。第二陣の児童生徒たちが着替えを終えて係活動に取り組みかかった頃に，第三陣の児童生徒が登校して着替え。その人たちが着替え終わる頃に全員の係活動も終了。そして，皆で朝の会へと……。このように，登校時間さえも"個の対応"を行っていきます。

2 - 3 係活動

毎日取り組めるよさ

小学校低学年から，毎日，自分の担当として決めたことを決まった時間帯に取り組み続けることのできる係活動は，特別支援学級の児童生徒にはとても重要な活動となります。一人一係，児童生徒によっては二係，三係を，その持てる力や興味があることを大切にしながら分担していきます。その取り組みのなかで，自分が担当したことを，毎日，確実にやり切っていくことの大切さを体感していきます。そして，学級の生活になくてはならない役目をそれぞれで分担していくことで，学級にとって誰もがかけがえのない存在となっていきます。さらに，そうした日々の積み重ねや学級の雰囲気が，一人ひとりの，様々な取り組みに自分から自分で取り組もうとする姿勢を育んでいきます。

担当決めはそれぞれの憧れ・思いにそって

職員室での配布物の受取りなど，上級生が担当している係に憧れを抱いている下級生も少なくありません。また，去年，あの子がやっていた係を今年はやりたいと思っている児童生徒もいます。なかには，教室の飼っている金魚や亀の餌やりを楽しみに息せき切って登校してくる児童生徒もいます。そんな児童生徒の"憧れ"や"思い"を大切にしつつ，できるだけ，児童生徒による話し合いでそれぞれの担当を決めていきます。

時には登校へのきっかけづくりにも

入学直後や夏休みあけ，いろんなことから学校を休みがちになる児童生徒もいます。そんな時，担当している活動の取り組みに誘うことで，学校に次第に足が向き始めることも少なくありません。例えば，「なぜ，学校に行かないの？」と言われるよりも，「金魚さんがお腹を空かしているよ～」との声かけの方が親子ともに前向きになれるものです。

2 | 4 | 掃除

いつも綺麗な教室に

　掃除活動は，係活動と同様に，毎日，自分の担当として決めた場所で決まった時間帯に取り組み続けることができ，特別支援学級の児童生徒にはとても重要な活動となります。

　近年，児童生徒が清掃の時間に"心をも磨く"として，全員が黙って掃除をする"黙動"や"黙掃"に取り組む小学校や中学校も増えてきているようです。なかには，全校研究の課題として取り組んでいる学校もあります。清掃は大切な教育活動のひとつですので，特別な教育的意義を付加したくなる教師の思いもあるでしょう。そうしたなか，特別支援学級においては，まず，"自分の担当したところが綺麗になり，そして，友だち，先生が担当したところも綺麗になっていく"といった，自分たちが生活する場所が綺麗になっていく嬉しさを分かち合うことを大切にしたいものです。そして，綺麗になった教室や廊下，作業室などがいつも綺麗であるようにと，自分から落ちているゴミを拾ったり，汚れたところを拭いたりする姿勢を育んでいきます。

約束事や道具の取り扱いや基本の動きも少しずつ

　ビルメンテナンスでは人の手が触れるところは青いバケツ，青いクロス，汚れが直接つきやすいところは赤いバケツ，赤いクロスと，使用する道具を色で区別するような工夫がなされています。こうした約束事は学校でも大いに取り入れ，児童生徒が迷わずに掃除できるようにします。また，家庭で使用するフロアワイパーやハンディ掃除機なども積極的に取り入れ，その取り扱いを覚え，家庭での掃除に広げていくことも大切です。なお，どのような用具，担当する場所であっても，教師がモデルを示したり，手をとって教えたりするなどして，その子の自己流のやり方で拭き残しがあることがないように，基本の動き，使い方を身に付けるように最初から支援していきます。

2 ｜ 5 ｜ 朝の会・帰りの会

▌ 朝の会：今日は○○をやりたい

　その日の学校の生活が波に乗ってくるためには，児童生徒一人ひとりが「今日は○○をやりたい」「△△が楽しみ」と思いながら，一日のスタートを切ることがとても大切になります。そこで，朝の会では"今日のお楽しみ発表"のような場面を設け，一人ひとりが今日のどんな活動に期待をして登校して来ているのかを尋ねてみてください。その時期の主な活動である「プール」「お散歩」「畑」などが出てくれば，着替えやいろいろな準備に向かう構えも違ってきます。また，「（給食の）カレー」が出てくれば午前中は頑張れます。もしも，話し言葉で表現することが難しい児童生徒の場合は写真を指し示したり，文字で書いたりするなどどんな表現方法でもよいので，児童生徒の今日の学校への期待を共有するようにします。もしも，やりたいことがみつからない児童生徒がいた時は，その児童生徒へのかかわりに特に意識を向けていく必要があります。そして，それがしばらく続くようでしたら，学校の取り組みそのものを見直すことが必要になるやもしれません。

▌ 帰りの会：明日も○○をやりたい

　帰りの会では，朝の会で「今日は○○をやりたい」「△△が楽しみ」と期待して口にしたことを実現できたのかを確認することになります。「○○ができた。やったー」「△△はあまりできなかった」と。なかには「◇◇をやった」と朝の会では口にしなかったことを挙げる児童生徒も時々いますが，それでも楽しかった一日になったので，よしとします。また，やりたいことがみつかっていなかった児童生徒にはその日の取り組みでいい表情を見せてくれた活動を取り上げ，「☆☆はどうだった？」と一緒に振り返るようにします。そして，児童生徒が「先生，明日もね！」の声を残して下校していくようにし，明日の学校生活へとつなげていきます。

2 | 6 | 日記

書き残したいことがある生活

朝の会の中で「今日は〇〇をやりたい」「△△が楽しみ」といったことを，その時に，下に示したようなシートを用い，『きょうがっこうですること（がんばること）』に書くようにします。そして，帰りの会の中で「〇〇ができた。やったー」「△△はあまりできなかった」といったことを，『きょうがっこうでおもしろかったこと（がんばったこと）』に書くようにします。そして，この日記帳は自宅に持ち帰り，保護者にも読んでいただくようにします。

文字で表現することはあまり得意ではない児童生徒だからこそ，自身の実体験と重ねていくことがとても大切になります。そのためには，書き残したい豊かな生活と，そのことを伝えたい人の存在が不可欠になります。文字の指導だから『教科別の指導』として国語で行うべきと考えても，その意図は空回りすることが少なくありません。

2-7 着替え・身だしなみ

着替えの手順を同じにするところから

着替えの手順は十人十色でいろいろなやり方があります。そのため，学校での着替えの取り組みは，着替えの手順を家庭と共通化することが基盤となります。そのため，家庭においてその子の衣服の着脱にかかわってきた人の手順を教師が教えていただき，その手順で学校でも行うようにします。保護者がわが子と入学するまでの生活の中で積み重ねてきたものを，教師が真摯に学ぶ姿勢が保護者との信頼の形成にもつながっていきます。

身だしなみは小学校段階から

特別支援学級の児童生徒は保護者が購入した衣服を着ることが多く，自分で好きな洋服を選んで購入することが少ない場合が多いようです。そのため，衣類そのものに無頓着な児童生徒も少なくありません。学校を卒業したら制服ではなくなりますが，卒業間際になって慌ててもなかなか身につくことではありません。そのため，小学校高学年くらいになったら，学級懇談会などにおいて，身だしなみを保護者にも配慮していただけるように話題にしていきます。

そんな時に活用できるのが，毎日のように新聞に入っている衣類量販店のチラシです。「こんな着方は格好がいいね」「このシャツは素敵だね」などと家庭や学校で話題にしていきます。そして，店頭で実物を手に取ってみて，購入し着用します。そんな積み重ねがとても大切になっていきます。

鏡を見ることを習慣に

着替えが終わったら，姿見に自分の姿を映してシャツの裾が出ていないかなどを確認するようなことも小学校から習慣化したいものです。一旦身についた手順の変更はなかなか難しいので，最初から取り込んでおいた方が児童生徒にとってもやりやすくなります。

2 | 8 | 排泄

まずは医学的確認を

排泄の自立を目指す際には，まず最初に，泌尿器系に医学的な問題がないかの確認をしてください。尿道が短い，尿意を感じにくいなどにより，自立が難しくなっていることもあります。そして，医学的な治療の必要がない時には毎日の生活のなかで少しずつ自立を目指していきます。

叱っても子どもは戸惑うばかり

排泄はどうしても"失敗させないこと"に思いが行きがちになり，失敗を叱ってしまうことになりがちです。しかし，お漏らししたことを叱られてもどうしたらいいのかわかりません。また，叱られてトイレで排泄ができるようになった子は叱った人がいないとトイレにはなかなか行きません。

乾いたパンツは気持ちいい

排泄の自立の第一歩はパンツが乾いていることを気持ちいいと感じるようになることです。トイレに行く前に「乾いてるパンツ，気持ちいいね」と確認します。そして，戻ってきたらまた「乾いてるパンツ，気持ちいいね」と伝えます。

生活の流れのなかで

排泄を記録する際には，学校での記録だけでなく，家庭や放課後デイサービスでの記録も行います。そうすると，午前と午後の排泄間隔が異なることなどがわかってきます。そして，生活の流れ，例えば，朝の会後，給食前などに，同じ学級の子どもたちがトイレに行く流れのなかでトイレに行けるように働きかけていきます。なお，教師が決めた時間で，例えば，１時間半おきにトイレへ誘う定時排泄を行っている学級もあります。しかし，本人の尿意とこの時間がなかなか重ならずに，遺尿が続き，排泄間隔も短くなり，頻尿になっていきます。

2-9 給食

取り組みの限界をわかった上で

　年度当初の個別の指導計画に“偏食を減らす”“一品食べしない”などの給食（もしくは食事）にかかわることが挙げられることも少なくありません。

　しかし，児童生徒が教師と給食をともにするのは年間180回程度しかありません。当然のことながらメニューは変更できません。家族とともに食事をするのは年間900回程度であり，教師と出会う前から何千回と家族と食事をともにしています。そのため，本人だけへのかかわりでは解決しないことが少なくありません。

待ち遠しい，楽しい給食に

　給食の時間は，午前中に取り組んだ活動で空っぽになったお腹を満してくれる待ち遠しい時間です。そして，お腹が満たされていく幸せな気分のなかで，午前中の活動を話題にすると，案外，話が広がる楽しい時間になっていきます。さらに，午後からの活動はどうしようかと話題も広がっていきます。教師にとっても「同じ釜の飯を食う」ことの大切さを実感できることになります。

自分の食べたい分をよそって

　通常の学級では給食の配膳は週替わりの給食当番が担当することが多いかと思います。しかし，特別支援学級では自分が食べることができる量を考えたり，その分をよそうことができるしゃもじやおたまを使えるようになったりすることができるようになる大切な機会として，それぞれでよそうようにします。こうした取り組みのなかで，次第に偏食がなくなっていく子もいます。食べなさいと強いられるのは嫌だけど，自分で決めた分は食べるといった意識が芽生えるようです。ただし，よそった量が少なかった時も，教師がおかわりをすすめたり，もっと食べなさいと追加したりすることは厳禁です。

3 1 生活単元学習

　生活単元学習は，『各教科等を合わせた指導』の代表的な指導形態です。児童生徒の生活上の課題を成就するための一連の活動が主たる活動となります。その一連の活動は生活上の課題を成就するために必要な活動のまとまりであり，"生活の単元化"となります。数日のトピック単元から数週間にわたる行事単元，そして，１年間にわたる大単元とその展開は多様です。

　計画段階から児童生徒と教師がともに取り組み，児童生徒の自発的・主体的な活動を中心に据えた，首尾よく完結する営みとすることが大切です。実際的・具体的に取り組む活動ですから，多様な活動内容を自然なまとまりのある形で行えるように整えていきます。千葉大学教育学部附属特別支援学校＊は『その時期の生活に，めあてと見通しをもち，精いっぱい取り組み，満足感・成就観を持てる』単元となるよう，次の点から検討することが重要であるとしています。

> ・その時期の学校生活が充実し豊かになる単元を
>
> ・一人ひとりが精一杯存分に取り組める単元を
>
> ・仲間と共によりよく取り組める単元を
>
> ・子どもの思いに即し，満たす単元に
>
> ・魅力的な中心活動の単元に
>
> ・どの子にもできる活動・状況を用意できる単元に
>
> ・これまでのよい取り組み，経験が生きる単元に
>
> ・一定期間，十分な活動が継続できる単元に
>
> ・生活年齢にふさわしい単元に
>
> ・次への発展も期待できる単元に

＊千葉大学教育学部附属養護学校『知的障害教育・基礎知識Ｑ＆Ａ』ケーアンドエイチ，2007年

3 - 2 中心的な活動の選び方

中心的な活動は，単元の中で核となる取り組みであり，繰り返して取り組む活動です。そのため，児童生徒一人ひとりにとって魅力を感じる活動であり，そして，みんなで取り組んでいく活動となります。

子どもたちの思いや願いを大切に

学校や家庭の生活のなかで児童生徒がやってみたいなと思っていることや，先輩が去年やった取り組みを自分たちもやれたらいいなと思っていることなどから考えていきます。例えば，毎日，昼休みになると，自転車遊びに夢中になっている児童生徒の様子から，まずは学校周辺のサイクリングからスタート。そして，少しずつ距離を伸ばして，単元最終日は片道を宿泊所までのサイクリング。みんなで一泊し，翌日は学校に向かってサイクリング。そんな，児童生徒がふだん取り組んでいる遊びや活動をもっとダイナミックに，そして，本物にしていく視点が大切になります。

カレーライスの作り方を教えるため，体の洗い方を教えるため，公的交通機関の乗り方を教えるための宿泊では決してないのです。このことは生活年齢への対応であり，教師は遊ばせる人，手伝いをする人ではなく，共同生活者としてともに取り組み，児童生徒とその楽しさ・喜び・頑張りを共有していきます。

保護者や教師の願いも

また，時には，児童生徒のこれまでの取り組みをもっと発展させてみたい，こんなことにもチャレンジしてほしい，との保護者や教師の児童生徒への願いや期待を活動にしていくこともあります。例えば，校内音楽会に向けて練習し，見事に演奏できたハンドベルの取り組みを，市民音楽会で演奏するようにつないでいくこともあります。

3-3 単元構成・日程計画

数週間の取り組みで考えて

生活単元学習は，先にも述べたように，数日で終わるトピック単元から1年間にわたる大単元まであり，単元構成や日程計画に制約はありません。しかし，児童生徒の学びの特性からすると，ある程度は繰り返して取り組むことが必要であり，日々の生活のテーマとなり得る期間である必要があります。そのため，数週間での構成・計画がよいとされています。

活動の新規性と馴染み性を考慮して

単元が始まってしばらくは児童生徒がやり方がわかり，比較的見通しを持ちやすいこれまで取り組んだことのある馴染み性の高い活動を中心に構成・計画します。馴染み性の高い活動に繰り返し取り組むことで，自分から自分で取り組む姿が多く見られるようになります。

こうした姿が見られるようになってきたら，これまで取り組んだことのない新規性の高い活動を加えるようにします。このことで単元への興味がさらに高まっていきます。例えば，遊びを中心とした生活単元学習において，単元開始からしばらくは児童が遊びなれた遊具で遊び場を構成します。そして，児童が存分に遊ぶ姿をみせてくれるようになったら，新しい遊具を追加設置したり，幼稚園児を遊び場に招待したりしていきます。

児童生徒の活動の幅を広げて

中心的な活動に自分から自分で取り組む姿がみられるようになってきたら，関連する活動にも広げていきます。例えば，花壇づくりに目処がついてきたことで，完成パーティーの準備やパーティー参加者への招待状作成へと広げていきます。披露したい花壇が完成間近となっているため，完成パーティーに向けた活動にも主体的な姿をみせてくれます。

3-4 単元名

学校生活の合い言葉として

　生活単元学習の単元名は，これから取り組む学校生活のテーマや主たる活動を表すものです。通常の学級で行う教科指導の単元名とは異なります。

　単元名は，学校で取り組んでいる活動を，児童生徒がより身近に感じ，めざす方向性をイメージしやすくするものです。朝は教室に入るなり教師に「今日も○○をやろう」，夕方には玄関で靴を履きながら友だちに「明日も○○をやりたいね」の声をかけるようになると，学校生活が軌道に乗り，児童生徒の自分から自分で取り組む姿が多くなってきます。そして，学級便りや連絡帳にて保護者に単元名や学校の生活の様子をお知らせし，家を出る時に「今日も○○を頑張ってきてね」，そして，夕飯の時に「今日の○○どうだった？」と話題にしてもらうことで，その日の授業の形式的な"導入"や"まとめ"は不要となり，児童生徒の学校生活への期待は一層強くなっていきます。

授業づくりの合い言葉として

　特別支援学級や特別支援学校の授業，特に，生活単元学習や作業学習はチームティーチングで行われることがほとんどです。そのため，その授業にかかわる教員全員が授業づくりの方向性を同じにとらえておくことが必要条件となります。その方向性を示すものが単元名になります。例えば，単元【牛乳パックで船を作って遊ぼう】であれば，牛乳パックが何個あればどれくらいの大きさのボートを作ることができるのか，牛乳パックはどうやって集めるのか，ボート作りにはどれくらいかかるのか，大プールを独占して使用できる日時はあるのかなど事前に検討すべきことが明確になります。単元【水遊びをしよう】では，単元構成や中心となる活動の検討をする前に，教師それぞれの持つ水遊びのイメージを共通化することに時間を費やしてしまうことになりかねません。単元名は教師集団にとっての命綱となります。

3 | 5 授業の展開

"起立・礼・着席""導入・展開・まとめ"は必要か

　通常の学級の授業の展開は"起立・礼・着席""導入・展開・まとめ"の
ワンパターンとなっています。そのため，生活単元学習や作業学習の授業に
おいてもこのパターンで行おうとする教師が少なくありません。しかし，
"起立・礼・着席"は1890年頃（明治中頃）にそれまでの寺子屋式授業スタ
イルに替えて西洋式授業スタイルを導入するに当たり，キリスト教の礼拝等
の行動規範に代わるものとして設定*されたものでしかないのです。また，
"導入・展開・まとめ"は一週間をいくつかの授業時間に分け，それぞれの
時間枠に一つの教科などを割り振る曜日固定方式において，教科指導を効率
よく行うための手段のひとつでしかありません。通常の学級の授業パターン
ではその持てる力を発揮しにくい児童生徒のための授業が，通常の学級と同
じパターンであってはその真価が問われることになりかねません。

展開（中心となる活動）に多くの時間を

　知的障害特別支援学校や特別支援学級においては，『児童生徒が，自ら見
通しをもって主体的に行動できるよう，日課や学習環境などを分かりやすく
し，規則的でまとまりのある学校生活が送れるようにする』**ため，週固定
方式帯状，すなわち，"帯状の週日課"（p.75）となります。そのため，前
回を振り返る"導入"と次回に向けた"まとめ"に費やす時間はほとんど不
要となります。また，個々の児童生徒に合わせた活動で"展開"しますので，
身支度などを手早くできる児童生徒から準備活動に取りかかり，全員が揃っ
たところで，今日の活動に本格的に取り組むことになります。終末も身支度
などに時間が必要な児童生徒から活動を終え，手早くできる児童生徒が片付
けを行うようにします。

＊柳　治男『＜学級＞の歴史学』講談社，2005年
＊＊文部科学省「特別支援学校学習指導要領解説各教科等編（小学部・中学部）」2018年

3 6 教師の支援・役割

共同生活者として

特別支援教育は『障害のある幼児児童生徒の自立や社会参加に向けた主体的な取組を支援する』教育*です。そのため，児童生徒の自分から，自分で取り組もうとする姿を育むことを何よりも大切にします。よって，特別支援学級における教師と児童生徒は "指導する者・指導される者" の関係よりも，ともに生活する共同生活者としての関係になります。教師は児童生徒とともに生活する者として，学校生活のテーマを共有し，授業もともに活動し，その満足感・成就観をともに味わう関係であることが必要となります。

子どもの思いに即した支援を

ともに生活し，活動する共同生活者としての教師の最大の役目は，児童生徒にとって学校生活が，テーマにそった活動に『自分から，自分で，めいっぱい』に取り組み，満足感・成就観のある生活となるように，過不足のない支援を行うことです。そのため，教師は児童生徒一人ひとりの学校生活や一連の活動への思いを受け止めながら，児童生徒とテーマを共有し，活動をともにしながら，その時々の必要に応じた "できる状況づくり" を徹底していきます。

学習評価は教師の力量の評価として

生活単元学習などの各教科等を合わせた指導の学習評価は，児童生徒の『自分から，自分で，めいっぱい』『自分から，自分で，精いっぱい』の姿の実現を評価していくことになります**。しかし，こうした児童生徒の姿の評価は，実際は教師の "できる状況づくり" の力量の評価なのです。評価を真摯に受け止め，教師の力量を高めていく不断の努力が大切になります。

*文部科学省「特別支援教育の推進について（通知）」2007年
**名古屋恒彦『「各教科等を合わせた指導」エッセンシャルブック』ジアース教育新社，2019年

3 7 実践事例1：単元 【くじらの水族館で友だちと遊ぼう！】

　毎年，9月に特別支援学級のプレイルームに大きな滑り台を中心にした遊び場を作ります。子どもたちにとって，4月から「今年はどんな遊び場にしようか」の声があがるほど，1年で最も楽しみな単元です。

まずは足場パイプ運びから

　遊び場の基礎は工事用足場資材で，夏休み期間中に教師が組み立てます。夏休みに入る前に，子どもたちと一緒に資材を外倉庫からプレイルームに運び込みます。毎年恒例の活動で，遊び場への期待感が高まります。

遊び場のテーマを決めよう

　6月の単元で魚のモチーフを作った際，子どもから「今年の遊び場は水族館だね」と声があがりました。資材運び後に，これまでの写真やポスターを見ながら，どんな遊び場にするかも相談します。「くじらに潜りたい！」などの意見を聞いて，黒板に図を描いていきます。大まかに決まったところで，遊び場の名前を"くじらの水族館"と決めました。最初にくじらのトンネルを張り子で作りました。子どもたちの遊び場への期待感が高まりました。そして，滑り台の斜面用の段ボールの色塗りや装飾作りに取り組み，遊び場は完成しました。

"くじらの水族館"で友だちと遊ぼう

　幅広滑り台は，初めて遊ぶ1年生にとっては，ちょっと怖い滑り台です。

　上級生の滑る姿を見やすいよう，滑り台の横に傾斜の緩いのぼり口を用意しました。上級生に誘われ，手をつないだり，膝に乗ったりして，一緒に滑るに従い，1年生も自分から繰り返し滑るようになりました。そして，「大きなサメがきた！」と鬼ごっこをする子

も出てきました。その様子から，サメや魚の帽子を用意して，さらに遊びが盛り上がるようにしました。毎日，遊んでいると，どの子も二つの滑り台や壁上りにもチャレンジしていきます。友だちを背中にのせたり，何人も縦に連なって滑ったりする子も。教師も一緒に遊び，子どもが滑りたい方法を実現できるようにすることで子どもの遊びが深まっていきました。

　また，壁装飾の魚の絵を外し魚つりや魚屋さんを始めた子どももいました。そこで，箱ダンボールを用意し，魚つりや魚屋さんができるようにしました。休憩コーナーにもなり，遊びにメリハリが生まれました。

　単元期間内に他校の友だちや通常の学級の１，２年生を招待して遊びました。招待状を作り，他校の友だちに手紙を送ったり，各クラスに届けに行ったりしました。また，自慢の滑り方を写真に撮って，滑り方図鑑を作り，交流当日を楽しみに準備を行いました。他校の友だちとの交流会当日も，いつもどおり率先して遊びました。友だちの側で一緒に滑ったり，誘ったり，子どもの様子に変化も見られました。滑り台をかけ上る選手権を行って盛り上がるなど，クラスでは見られなかった遊びも登場しました。

■ イーストフェスティバルは４年生と一緒に

　イーストフェスティバルは毎年，各学級が店を開く校内行事です。交流および共同学習として，４年生と遊び場の運営を行います。

　事前に４年生とは一緒に遊んで，遊び場をよく知ってもらいます。前日には，店番（入れ替え制のタイムキーパー，スタンプ，遊び場の安全係）のリハーサルを行います。声を掛け合って店番に取り組んだり，自分たちが遊ぶ順番の時は思いっきり遊んで遊び場の雰囲気を盛り上げたりする姿が見られ，どの子も満足した１日を過ごして，単元を締めくくりました。

3 — 8 実践事例2：単元【なかよし会をしよう】

出会いの春を大切に

　4月は，新しい仲間や赴任してきた教職員との新鮮な出会いが待ち受けています。そこで，"なかよし会"を開きます。開催に向けて準備をし，司会進行などの役割を分担しながら力を合わせ，みんなで楽しいひと時を過ごす楽しい取り組みです。見通しを持って取り組むことができるよう，特別支援学級，学級の保護者，新1年生，教職員などと，招く人を変えて4回行います。

準備は計画的に

　会の準備を計画的に行い，十分な活動量が確保できるようにします。

①**題字作り**　色画用紙に一文字ずつ「な」「か」「よ」「し」「会」とパソコンで作った白抜きの文字を貼り，その上にクラフトパンチで切り抜いた紙を貼り絵の要領で付けていきます。文字の部分に両面テープを貼っておきます。この工夫で糊がなくてもそのまま貼れるので，糊が手につくことなく，糊の分量を調節する必要もなく，どの子も活動しやすくなります。当日に会場前面に掲示します。

②**招待状作り**　色画用紙2枚程度の大きさの招待状を作ります。日時や場所，持ち物などを書いて，招待文，学級写真も添え，皆で届けに行きます。招待文の読み方や招待状の渡し方などを事前に練習しておきます。

③**名刺作り**　当日は名刺交換をし，名前を覚え易くします。"なぞり書きをしてシールを貼った名刺""鉛筆書きをして好きな絵が描かれた名刺"，"色鉛筆などを使ったカラフルな名刺"などとそれぞれに作ります。招待状を届ける際に，招待される人にも名刺作成と持参をお願いします。

④**司会原稿作り**　4回それぞれの司会原稿を作ります。内容はほぼ同じにして，自分から進んで司会をできるようにします。

⑤**会場作り**　旗を作り，教室や廊下などを飾り付けます。

"なかよし会" 当日　〜教職員編〜

　いよいよ，なかよし会当日です。「これから先生とひまわり学級とのなか
よし会をします」。ワクワクする期待感やドキドキする緊張感が子どもたち
から伝わってきます。司会は，上級生を中心に行い，下級生はプログラム進
行係やプレゼント係を分担しました。まず，名刺交換。事前に作っておいた
名刺に「ひまわり学級〇年の〇〇です。〇〇
が好きです。よろしくお願いします」と一言
添えて交換します。自信を持って堂々と言う
子，恥ずかしそうに照れながら笑顔で渡す子
など，交換の仕方も年々上手になっていきま
した。次に，風船バレー。教室とは別の空き
教室で風船バレーボールを行います。事前に
すずらんテープでネットを作って場を準備し
おきます。そして最後にお茶会。子どもたち
が大好きなイチゴやバナナ，手作りのパンケ
ーキやクッキーなどをお茶菓子にして，簡単
なお茶会をします。ここでもフォークを渡す，
お茶菓子をよそう，飲み物を入れるなどの役割分担をします。1年生の時は
フォークを持って教室内をうろうろしていた子が4年生になると，イチゴや
バナナを上手にお皿によそうことができるようになっていきます。子どもた
ちはそれぞれの担当の活動を果たすことができ，お茶会時に褒めてもらい，
満足感・充実感いっぱいで単元を終了することができました。

単元を終えて

　4月当初，自然な流れの中で学校の多くの人を招くなかよし会の開催は，
特別支援学級の子ども達が年間とおして学校全体の中で活動を行うためにと
ても効果的です。その後も，互いを意識し，ともに活動する仲間として，学
校生活の多くの場面で声を掛け合い，助け合える姿へとつながっていきます。

3｜9 実践事例3：大単元【エコキャップを集めて, 遊んで, 作品作りをしよう】

　特別支援学級と通常の学級との交流活動をより日常的な形でと願い, 児童会で取り組んでいたエコキャップ運動を, 特別支援学級（以下, カザグルマ学級）が年間をとおして行うことになりました。節目節目に生活単元学習で取り組み, 特別支援学級の子どもたちが役割を担い主体的に活動する姿を願っての取り組みです。

小単元【回収ボックスを作って, エコキャップを集めよう】

　まずは, 年度の初めの全校朝会でエコキャップ回収の目的や方法を発表し, 全校への協力依頼からスタート。そして, ダンボール箱に模造紙を貼り, 仕上げに自分の写真を貼って, 回収箱を作ります。自分の写真を貼ることで責任感もさらに強くなります。回収の協力と挨拶も兼ねて通常の学級に配置します。そして, 毎週木曜日を回収日と決め, 日常の活動へと展開していきます。毎週木曜日。高学年の子は登校するなり, 「エコキャップに行ってきまーす」とカゴを手に一人で回収に出かけます。低学年の子は教師やサポートを買って出た高学年の子と一緒に回収に出かけます。回収する学級に着いたら, 「失礼します。カザグルマ学級の〇〇です。エコキャップを取りに来ました」「ありがとうございました」と言います。こんな短いやりとりなら, 人とのかかわりが苦手な子も大丈夫に, そして, そんなカゴを持って歩く姿を見かけた教師からは激励の声がかかります。

小単元【エコキャップで遊んじゃおう】

　回収活動が進むと, 時々, 珍しい色やデザインのキャップも入っています。珍しいキャップをコレクションし, たくさん集まったところで, エコキャップを使って遊ぶ単元を計画します。大きな天秤はかりを作ってのエコキャップ入れ競争や的当てをしたり, エコキャップパズルなどを作ったりしました。

　毎年行われる作品展への作品作りも，珍しいエコキャップ・コレクションで行うことにし，ベニヤ１枚の大きさの共同作品と個人の作品を作りました。

①**キャップの色分け**　担当した色キャップをカゴにピックアップし，キャップ数を数え，皆が１位をめざします。その後は色ごとに箱詰めしていきます。

②**マス目書き**　2.5㎝間隔に印のついた１ｍ物差しを使って4辺に2.5㎝の間隔で印をつけていきます。３人一組となり，両端を持つ子どもと線を引く子どもとで役割を分担し，模造紙にマス目を書きます。

③**共同作品**　図案は相談して決め，その図案を元に教師はマス目にどの色を使うかの設計図を考えます。台紙のマス目には貼り付ける色を記入しておきます。列ごとに両面テープを貼っておきます。子どもたちは指令書担当一人，貼り付け担当二人に分かれて取り組みます。指令書係の子は縮小した設計図から縦列（横列）に使うキャップの色を，例えば「13列，白6，緑4……」のように指令書に書いていきます。そして，貼り付け係の子が指令書を受け取り，２人で協力してキャップを集めます。キャップが集まったら列を確認し指定された色の場所にキャップを貼り付けます。この作業を繰り返し，共同作品を完成させます。

共同作品　赤鬼と青鬼

個人作品　図案は一人ひとりの希望を聞き写真や絵にして模写できるようにしました。特に色の指定はせず子どもの意思を第一にしました。手が止まっている時には声かけしたり，一緒に作ったりしました。作っていると台紙からはみ出してしまうことも……そのときは台紙を付け加えるようにしました。どの子も満足した様子で，すてきな作品ができあがりました。そして，個人作品に額縁をつけ教室前の廊下に日替わりで展示しました。

3 10 実践事例4：単元【花壇をきれいにしよう】

職員玄関を華やかにしたい

　職員玄関前には，元々レンガ造りの立派な花壇がありましたが，手入れが行き届いていないため土は固くなり，観葉植物が生えているだけの殺風景な状態となっていました。そこで，校長先生とも相談し，花壇を明るく華やかにリニューアルするために，特別支援学級（以下，みどり学級）でフェンスを作って設置し，花を植えることにしました。

花壇の整地をしよう

　まずは花壇の雑草を抜き，枯葉や木切れをていねいに取り除き，固くなった土を耕しました。フェンスを設置しやすいようにもともとあったレンガにそって溝を掘り，砂を敷いてフェンスの高さが揃うようにしました。フェンスの材料として，丈夫でメンテナンスが少なくて済み，材料費のかからない供試体（テストピース）を用いることにしました。

フェンスを作ろう

　毎日3・4時間目は，生活単元学習の時間です。まず，写真のようにトロ箱の中で供試体を水洗いし，汚れを落とします。下級生にとっては，水遊び感覚の楽しい活動です。

　次に，汚れを落とした供試体を白いペンキで塗装します。適度な大きさのローラーを使うと，万遍なく容易に塗ることができ，子どもたちも楽しく活動できました。塗装後は，そのまま乾燥させ，翌日，下になっていた部分を上に回して塗装し，再び乾燥させます。

今度は，ステンシルの装飾をします。写真のよう
に，作業台に“すのこ”を敷き，板のすき間に供試
体を寝かせて置くと安定し，安全に作業することが
できます。予め型抜きしたシートを，スプレー糊で
供試体に貼っておきます。スプレー糊を使うと隙間
なくぴったり貼ることができ，容易に剥がすことも
できます。タンポは，割り箸の先にスポンジを輪ゴ
ムで巻いて作りました。アクリル絵の具をつけポン
ポンと着色したら，シートをゆっくり剥がします。くっきり現れた青と水色
の水玉模様に，子どもたちもにっこり笑顔になりました。

　最後に，完成したフェンスを花壇まで運搬し，設置します。運搬の活動も
手押し車を使うと，子どもにとって楽しい活動となりました。フェンスは，
花壇のレンガにそって慎重に並べ，上級生とは水準器を使って高さ調整を行
いました。屋外で活動していると「何を作っているの？」と友だちが関心を
示してくれたり，「綺麗になっているね。ありがとう！」と職員が声をかけ
てくれたりしました。子どもたちも「綺麗になったね。早く完成させたい
ね」と，ますますやる気が生まれてくるのでした。この一連の活動を繰り返
すことで，子どもたちは見通しを持って主体的に活動することができます。

華やかな花壇にリニューアル！

　取り組み始めて約４週間後，フェンスの設
置がついに完了しました。そして，堆肥や肥
料を入れて土壌を整えます。栽培委員会の子
どもたちとともにパンジーの苗を植えると，
殺風景だった花壇は水玉模様が映える華やか
な花壇に生まれ変わりました。「みどり学級
さんが作ったの？　すごーい！」「明るくなったね。ありがとう！」と友だ
ちや職員にも好評の花壇です。満足感と達成感いっぱいの単元となりました。

4-1 作業学習

　作業学習は，作業活動を学習活動の中心にしながら，生徒の働く意欲を培い，将来の職業生活や社会自立に必要な事柄を総合的に学習する学習活動です。作業学習は将来の進路に直結する職業準備教育というよりも，学校卒業後の生活の主たる活動である，働く活動に連続していく，青年期の生徒にもふさわしい充実した生活の構築が主眼となります。取り扱われる作業活動の種類は農耕，園芸，紙工，木工，縫製，織物，金工，窯業，セメント加工，印刷，食品加工，クリーニングなどのほか，販売，清掃，接客なども含み，多種多様です。中学校は義務教育終了段階として，また，特別支援学校高等部，高等支援学校への移行も見据え，大いに取り組みます。その展開に当たっては，文部科学省＊は次の点を考慮するとしています。

(ア)　児童生徒にとって教育的価値の高い作業活動等を含み，それらの活動に取り組む意義や価値に触れ，喜びや完成の成就感が味わえること。

(イ)　地域性に立脚した特色をもつとともに，社会の変化やニーズ等にも対応した永続性や教育的価値のある作業種を選定すること。

(ウ)　個々の児童生徒の実態に応じた教育的ニーズを分析した上で，段階的な指導ができるものであること。

(エ)　知的障害の状態等が多様な児童生徒が，相互の役割等を意識しながら協働して取り組める作業活動を含んでいること。

(オ)　作業内容や作業場所が安全で衛生的，健康的であり，作業量や作業の形態，実習時間及び期間などに適切な配慮がなされていること。

(カ)　作業製品等の利用価値が高く，生産から消費への流れと社会的貢献などが理解されやすいものであること。

＊文部科学省「特別支援学校学習指導要領解説各教科等編（小学部・中学部）」2018年

4 - 2 作業場・作業種の選定，作業班の編成

作業場の選定

　中学校には木工室や被服室，調理室，美術室が設置されています。木工室で木工，被服室で縫製，調理室で食品加工，美術室で窯業や印刷は行えそうです。また，通常の学級が持て余し気味になっている学級園や学校畑を特別支援学級で一括管理して農耕や園芸もできそうです。さらに，増加している空き教室を作業場にすることもできそうです。これらの中でも，空き教室は通常の学級との使用調整がないのがとても魅力的です。加えて，器具を設置しておけますし，机などの場の配置もそのままにしておくことができます。

　なお，複数の中学校が共同で作業場を設置・運営している地域もあります。ふだんは少人数で活動している特別支援学級の生徒たちが，共同作業場では大人数でのダイナミックな作業となります。

作業種の選定

　作業種は作業場の選定と重ねながら行っていきます。設備，生徒数，教師数はもちろんのこと，教師の専門性，予算なども合わせて検討します。そして，材料入手や技術支援を考え，中学校校区や地域の地場産業や伝統産業からの作業種の選定をすることもとても大切です。また，頑張って作った製品の販路を確保できるのかや，今のニーズに合っているのかも併せて検討します。

作業班の編成

　作業班の編成は，工程の担当者，生徒に期待する教師の意図もありますが，できる限り，生徒の希望する作業種の班に所属できるようにします。自分の希望が叶ったことを粋に感じるのか，教師の期待する以上に力を発揮してくれることも少なくありません。また。最上級生はリーダー役を担ってもらうことでこれまで以上の取り組む姿が期待できます。

4-3 作業製品・生産物の選定

質の高い製品・生産物を

作業学習で製作する物は作品ではなく製品であり，対価をいただくものです。「この子たちが作った物だから，何か買わないと悪いかな（使わないけど安いからいいか）」といった思いで購入してもらうようでは，製品の質も上がりませんし，販売個数も増加しません。

そのため，奇をてらったような製品や生産物ではなく，日常使いの物で，その質をとことん高めていきます。また，安さを目玉にしても，100円均一ショップのような安価・質では対応できず，生徒にとっては励みのない作業となってしまいます。

こうしたことからも，学校内バザーや合同販売会において，「今年も○○を買えるのを楽しみにしていました」とか，「一個割れてしまったので，同じ物が買えて嬉しい」といった声が聞こえるような製品・生産物を，適正価格で販売するようにします。

材料・資材の発注・購入も生徒ができるように

作業種の選定において中学校校区や地域の地場産業や伝統産業も大切な候補の一つとして挙げました。校区で盛んな産業であれば，製品の材料や生産物の原料，資材などを，生徒自ら卸問屋やメーカー，店舗に出向いて購入することができます。生徒が"どこから届いたのかも，いくらなのかも，どれだけあるのかも"わからない材料・原料で，教師に言われるがままに取り組む下請けのような作業であっては決してなりません。材料・原料・資材の価格，そして，販売価格を生徒自身もわかることで，材料や原料の取り扱いもていねいになり，作業技術も向上していきます。こうした点からして，メーカーやリサイクル業からの下請けでの部品磨きや解体作業は作業学習での取り組みにはあまりおすすめしません。

4-4 単元化

自分から・自分での姿を期待して

作業学習の単元化では，実践事例1【校内バザーでの販売を成功させよう】(p.116)，実践事例2【ふなっ子バザールで販売しよう】(p.118)のように，販売会や納品などの期限をめざして取り組んでいきます。単元期間は1か月間ほどとして，製作活動を中心となる活動とし，販売数の検討，材料・原料などの発注，宣伝，関係機関とのやり取りなどの関連する活動も生徒と教師でともに取り組むようにします。

このように製作活動に加え，関連する一連の活動も生徒の取り組みにすると，生徒は自分たちが製品を作る目的が明確になり，責任感もさらに強くなっていきます。自分からできるだけ見通しをもって作業に取り組もうとなったり，作業室に自分から向かい，作業の準備などに自分で取りかかるようになっていきます。いつ販売するのか，材料はどこから届いたのか，何個作るのか，いくらで販売するかもわからないまま，教師に言われるがままの取り組みでは"させられる作業"となってしまいます。"する作業"，すなわち，生徒主体の作業学習とするには単元化が必須となります。

製品の数も質も本格的に

関連する一連の活動が充実していくためには，主たる活動である製作活動の充実も不可欠になります。充実した製作活動となるためには，十分な作業量の確保が必要となります。そのためには定番製品や目玉製品を開発し，十分な作業量を確保します。十分な作業量があると繰り返し取り組むことができ，作業技術や手際も上達し，製品の質も高まっていきます。製品の質が高まると，バザーなどでの販売数が増え，特注の依頼もあるようになり，さらに作業量も増えていきます。また，オリジナルのブランド名をつけたり，ホームページでの通販を始めたり，企業と提携して粗品として採用してもらうなどの取り組みも積極的に展開していきます。

4 - 5 作業工程の設定・生徒の担当工程の選定

質の高い製品・生産物の量産ができるように

　製作活動は，個々の生徒がその持てる力を十分に発揮できるようにして，より質の高い製品・生産物を量産できるように，分業体制で，流れ作業にて取り組みます。流れ作業にすることで担当した工程の技術力や手際は高まっていきますので，規格の揃った完成度の高い製品となっていきます。また，自分の頑張りが次の工程の仲間の頑張りにつながっていることや，自分の前の工程の仲間の頑張りがあるから自分も頑張れることを実感することができ，作業への取り組みの意欲もさらに強くなっていきます。

　製作の全過程を体験できるようにと，個業体制で，一人で全行程に取り組むようにしていることもあります。しかし，個業体制では質の担保はできませんし，量産も難しくなります。

できることを大切にして

　生徒が担当する作業工程は，これまで行った作業学習での生徒一人ひとりの仕事ぶりを振り返り，得意そうな仕事，道具や補助具を工夫すればできそうな仕事から考えていきます。例えば，水を容器に入れる際にきっちり口まで入れることが得意な生徒には窯業作業で石膏型に泥漿を注ぎ込む工程の担当を，体を大きく動かし，汗をかくこともいとわない生徒には農作業で鍬を使った天地返しの担当を任せるようにするのです。また，卓上丸鋸を使って木材を次々に切ることが得意な生徒には，切断する長さを一定にできるガイドを用意することで木工作業のフレーム切りの工程を任せるようにするのです。このように生徒一人ひとりが得意な作業に一生懸命に取り組むことができるようにすれば，質の高い製品・生産物の量産ができるようになります。そして，どの生徒も当てにされる存在となっていきます。

4-6 作業場の設定

安全第一をまずは固めて

　専用の作業室であっても，兼用の被服室や調理室であっても，安全の確保を最初に行います。例えば，床に這わせた電源コードに足を引っかけて転倒したり，電動器具が落下したりして怪我をすることがないようにように，天井からのリーラーコンセントにしたり，電源コードを生徒の身長より高い所に張るようにします。電源コードをガムテープで床に貼り付けるようなことはもってのほかです。粉塵の換気対策や高温になるオーブンなどにも配慮します。

一体感を自然に感じるように

　製作活動は流れ作業で取り組みますので，作業の流れを見通し，それぞれが担当している工程が全体につながっていることを実感できるように，作業工程の順に場を配置します。そして，より一体感を醸し出せるように，作業場の中心に生徒が向き合って，お互いの取り組みの様子が見えるようにします。そして，教師も作業工程の一部を担って，生徒とともに働きつつ，全体の流れを把握し，調整したり，サポートに入ったりするようにします。

作業しやすさにも十分な配慮を

　机や器具などの配置が固まったら，それぞれの工程に必要な材料や部品の置き場を決め，移動を伴う工程がある場合の生徒の動線を検討します。かけ声をするようにと，取りづらい・通りづらい設定にすることは本末転倒です。

兼用の場合も工夫して

　被服室や調理室を兼用で使用する場合もできるだけ作業を行いやすくなるよう，工具や道具，材料・原料などをキャスター付きチェストなどにまとめておき，作業学習の時間になったら，すぐに展開できるようにしておきます。

4 7 プロ使用の道具の導入，補助具の活用

本物の作業には本物の道具を

　質の高い製品・生産物を量産する作業学習を展開するためには，電動工具や農機具などの道具類はできるだけ本格的なものを使うようにします。そうすることで，作業効率はアップし，規格の揃った製品にもなります。また，大量生産にも耐えることができます。

　ただし，電動工具や農機具などの道具類は我流の使い方をしてしまうと，危険な道具にもなります。また，ガイドや安全カバーが必要な道具もあります。そのため，教師自らがそれらの道具を十分に使いこなせるようになることが必須です。そして，少しでも危険と感じることがある場合は徹底してその対策を講じた上で，生徒の担当とするようにします。そして，使用後のメンテナンス，定期的な点検も怠らないようにします。汚れを落とす，油を差すなどの日々のメンテナンスは生徒も一緒に行い，習慣化していきます。

補助具の活用でより本物の作業に

　補助具の活用は，作業学習における"できる状況づくり"の一つとして十分な検討が必要となります。その検討を進めるに当たっては，『よりよく仕事に取り組めるようにする役割』『より安全に作業に取り組めるようにする役割』『「より早く」「より多く」「より正確に」作業に取り組めるようにする役割』*のいずれを求めて補助具を活用するのかを明らかにしておきます。

　補助具を使うと生徒が手元を見なくなるなど，真剣に取り組まなくなるとの意見を発する教師もいます。しかし，作業学習は青年期にふさわしい充実した生活を送るための中核となるものであり，製品や生産物の質の高さやその出来高の向上を真剣に追求していきます。

*千葉大学教育学部附属特別支援学校『生活単元学習・作業学習の進め方Q&A』ケイアンドエイチ，2009年

4-8 授業の展開

やりたい気持ちを高める始業準備に

　身支度などの支度のできた生徒から作業室に向かうようにします。作業室に早く着いた者が電灯を点ける，窓を開けるなどの始業準備を行います。そして，それぞれに使う道具を所定の位置にセットしたり，その日の分の材料や資材などがあるかを確認します。そして，全員が揃ったところで，その日の作業内容などの打ち合わせをします。

　通常の学級では電灯を点ける，窓を開けるなどは教科係の生徒が担当し，チャイムが鳴り，"気をつけ礼"の挨拶が終わるまでは待機状態が至極当然のことです。しかし，特別支援学級の教育は"主体性"を最も重んじる教育です。生徒の作業をやりたい気持ちを削ぐようなことがないようにします。

任される・当てにされる展開に

　流れ作業にてそれぞれの得意とする工程を担当していきます。そのため，途中で作業の手を止めてしまうような教師からの働きかけは，安全にかかわること以外は極力行わないようにします。"報告"が大事と教師に出来映えを確認するようなことを行っていては，作業している時間よりも教師と話している時間が多くなってしまうこともあります。また，生徒は任される・当てにされる思いを持ちにくくなり，作業に向かう意気込みも低くなってしまいます。

やり切ったと思える終業に

　販売会や納品を目指しての精いっぱいの取り組みであり，作業時間をできるだけ確保するようにします。その日の目標数を作り上げたら，みんなで掃除・片付けをし，給食の準備にかかります。そして，給食を食べながら，今日の作業を振り返ります。作業日誌を書いたり，出来高の報告をしたりするような儀式的な活動では生徒のやり切ったとの思いに応えることはできません。

4-9 教師の支援・役割

生徒とともに働く教師に

　教師も流れ作業の一工程を担当し，生徒とともに，販売会や納品を目指して精いっぱい働きます。教師の精いっぱい働く姿は，生徒が精いっぱい働く姿にもつながっていきます。教師は "教える人，監督する人，評価する人" として，生徒から離れ，自分は作業をせずに生徒が失敗すると注意するような状況では，生徒の気持ちは萎えてしまい，"やる作業" ではなく，"やらされる作業" になってしまいます。そうなると，製品の質は下がり，量産もできなくなります。そして，そんな気分での作業は怪我や事故の発生にもつながりかねません。

きめ細やかな支援ができる教師に

　流れ作業の一工程を担うことで初めて，教師は作業の進み具合を実感することができます。その実感から，今のままのペースで続けてほしい生徒，さらなる頑張りを期待したい生徒，補助具や道具の改良でもっと力を発揮できる生徒などと，生徒一人ひとりの取り組みの様子も見えてきます。そうした生徒の様子に合わせて，次の一手を打つことで，よりきめ細やかな支援となっていきます。また，生徒はともに働く教師であれば，教師に作業のやり甲斐や，改善したいと思っていることを本音で語ってくれます。作業日誌を使って生徒の働きを評価するだけの教師には見せてくれない姿です。

自ら製品を売り込める教師に

　教師が，生徒とともに精いっぱい働いてできあがった質の高い製品・生産物を多くの人に手にしてほしいと思うことは極めて自然なことです。そのような思いを持って，販売会などでは教師も生徒とともに製品・生産物の説明や販売に励むようにします。そんな教師の姿こそが共同生活者としての姿であり，特別支援学級の教師ならではの姿となります。

4-10 現場実習

義務教育の終わりとして

中学校知的障害特別支援学級から知的障害特別支援学校高等部や知的障害高等支援学校へ進学する生徒がほとんどです。そのような状況にあればこそ，中学校卒業は義務教育の終わりであることを大事にする必要があります。知的障害特別支援学校高等部や知的障害高等支援学校は非義務教育であり，卒業を待たずにして，機会があれば，就職したり，入所したりすることになります。そのため，中学生の時に，将来の生活を実感し，就労を意識することのできる現場実習はとても大切な取り組みとなります。

教育課程に位置づけて

現場実習は知的障害特別支援学校中学部教科の職業・家庭科に示されている"産業現場等における実習"を『各教科等を合わせた指導』（作業学習）として位置づけることができます。また，総合的な学習の時間やキャリア教育の職場体験として位置づけることもできます。

その実施は，学年が異なることもあるかもしれませんが，通常の学級で行う職場体験と重ねて行うと，実習先の開拓やその実施もやりやすいでしょう。

働く意欲につながる実習に

実習をする企業や作業所の決定後，実習先に生徒と保護者と出向き，詳細な相談をするようにします。実習で取り組む作業内容を確認し，健康面や配慮することなどをきちんと伝えるようにします。また，その時に，実際の通勤方法や経路で実習先に行き，一人で通勤できるようになるために事前に取り組むことも明確にしておきます。実習期間は5日間程度で設定し，教師も一緒に働くなどして，生徒が『持てる力』をできるだけ発揮でき，将来に向かって有意義な取り組みとなるようにしていきます。

4-11 実践事例1：単元【校内バザーでの販売を成功させよう】

年に1度の校内バザー

　毎年，2学期に行われる校内バザーで，特別支援学級（以下，若竹学級）として販売活動を行っています。主な商品はクッキー，スウェーデン刺繍を施したコースターなどです。年に1度，保護者や通常の学級の生徒に販売する機会ということで，若竹学級の生徒も大変意欲的に取り組んでいます。

1年間を通して

　生活単元学習【若竹ショップオープン】として，1学期から定期的に職員室でお菓子の販売に取り組んでいます。クッキーは定番商品として人気があります。他にも生徒たちの「スフレを作ってみたい」などの意見を取り入れ，さまざまなお菓子を作っています。「ごま味のクッキーを作りたい」という声を参考に製品開発をすることもありました。入学当初たどたどしく取り組んでいた一年生も，上級生と一緒に繰り返し取り組む中で，徐々に一人でできるようになり，手際が良くなっていきます。

　作業学習は年間を通して農耕作業と室内作業に取り組んでいます。室内作業ではスウェーデン刺繍に取り組んでいます。刺繍の柄は一人ひとりがやってみたいものをパターン集から選び，"これなら自信をもってできる"というものを生徒自身が2〜3つ決め，色の組み合わせも考え刺しています。

校内バザーに向けて

　2学期になると，生徒から「昨年のバザーはこうだった」「今年のバザーでは何をどのくらい売りますか？」というような声が聞かれるようになります。約1か月前から準備に取りかかります。まずは製品として何をどのくらい作るかを話し合います。前年度の売上を参考にし，上級生を中心に話し合います。クッキーについては交流学級を中心に試食をしてもらい，人気投票を行います。その中で評判の良かったもの，また1学期からの先生方の声を

116

参考に，作る種類や量を決めていきます。コースターも同様に昨年度の売上などから作る枚数などを決めます。クッキーづくりは2週間ほど前から始めます。生徒で準備から片付けまで全工程をこなします。多くの人に販売をするということで衛生面には十分に気をつけ，エプロンはもちろん，マスクや帽子，手袋など身だしなみを整え，自分たちでその日の作る個数を確認し，毎日繰り返し取り組みます。コースターづくりは布を合わせる・周りを縫うミシンがけ，布を表に返す，アイロンをかけるなどの作業を分担して取り組みます。一人ひとりが自分のできる仕事を精いっぱいやることで1枚のコースターができあがります。商品に貼り付けるラベルやポスターなどの掲示物も作ります。

たくさんのお客さんに買ってもらおう

バザー当日，開店直前までクッキーの計量や袋詰めなどの準備に追われます。商品を店頭に並べ，お揃いのエプロンをつけ，いよいよ開店です。開店と同時に，まずはたくさんの保護者がクッキーを求めて来店します。「昨年食べておいしかったから」という声も聞かれ，生徒たちも嬉しそうに「ありがとうございます」と応えながら販売していました。それに続いて通常の学級の生徒が「まだ残っていますか」「ようやく買える」と慌てて買いに来ます。コースターも好評で「これを作ったなんてすごいね」と一人で何枚も買ってくれるお客さんもいました。開店から30分もしないうちに100袋以上あったクッキーは完売し，コースターもバザーの終わりを待たずに売り切れてしまいました。

仲間とともに

校内バザーに向けて「みんなで力を合わせて」をクラスの合い言葉にしました。一人ひとりが自分にできることを一生懸命やり，仲間と協力する，そういった姿をいろいろな場面で見ることができました。閉店直後はあまりの忙しさにぐったりしていた生徒もいましたが，「完売してよかったね」「頑張った甲斐があったね」とみんなで笑顔で喜びを分かち合っていました。

4-12 実践事例2：単元 【ふなっ子バザールで販売しよう】

市内の特別支援学級合同行事

　毎年12月上旬の土曜日に京成船橋駅連絡通路で，船橋市内中学校特別支援学級設置校14校が集まって作業製品の販売会（ふなっ子バザール）を行っています。各学校の作業学習では主に縫工製品，木工製品，手工芸品，加工食品などを作っています。作業学習の一環として実費販売の機会を通して，生徒の自主性や社会性を育て，特別支援教育の理解・啓発にも努めています。14校の特別支援学級が一堂に会することで，学校独自の工夫を凝らした製品作りや他校の生徒と交流する機会となっています。

たくさんの製品を準備して

　10月中旬から約1か月半，販売会に向けての単元を組みます。今年度は木工製品やクッキー，雑巾，刺し子の生地を加工した縫工製品，松ぼっくりを利用したクリスマスリースなどを製作しました。

　単元の初めには単元目標や製作目標をみんなで話し合い，「たくさん作ろう」「お客さんに喜ばれる製品を作ろう」など，ふなっ子バザールへの意気込みを共有しました。

実行委員会を中心に

　ふなっ子バザールでは各学校の代表生徒が実行委員となり，実行委員会を組織して運営を行っています。主に宣伝活動を行っています。各学校からチラシの挿絵を募集したり，ポスターに掲載する製品を集めたりします。また，販売会前には実行委員長から各学校の実行委員に"接客マニュアル"が届けられ，各学校で事前に共通の接客活動ができるように練習します。

各学校が協力し合って

　販売会場作りに関しても各学校が協力し合って進めていきます。搬入は当日の朝に行います。教師が駐車場の荷さばき場に製品を下ろし，それを何校

かの生徒が協力して販売会場に運びます。30台ほどの長机を並べて，テーブルクロスをかけます。製品は縫工製品，木工製品，調理製品などの種類ごとに分けて並べます。それぞれの販売場所にレジを設置しました。毎年，各学校が製品を出し合うことで，製品作りの向上につながっています。またラッピングの工夫や改良などを行い，お互いの学校の良い刺激になっています。

盛り上がった販売会

　ふなっ子バザールが始まると会場には「いらっしゃいませ」「いかがですか」などの生徒の元気な声が響き渡ります。あらかじめ接客練習をしていることもあってか，手際よく商品を袋に入れてお客さんに渡し，代金を受け取っていきます。生徒によっては自分で代金の計算をして，品物を渡していきます。製品は学校ごとに陳列していますが他の学校の製品も販売します。もちろん「ありがとうございました」の言葉を忘れずにていねいな接客態度が見られました。販売と同時にチラシを通りがかりの人たちに配る活動もあります。

　チラシを見て会場に足を運んでくれる人もいれば，「毎年ここで買うのを楽しみにしていますよ」とポスターなどを見て来てくれる人もいます。約一時間ごとにチラシ配布やお店当番を交代します。「あなたたちがこんなに上手に作ったの」「昨年買ったクッキーがとても美味しかったのでまた来たの

よ」などと声をかけられてさらに意欲が出ていました。一般のお客さんはもちろん，保護者や卒業生も顔を見せてくれて大いに盛り上がりました。ふなっ子バザールを通してより多くの人に見てもらうことで，より一層，質の高い製品作りに向けての意欲や自信につながりました。

5 | 1 教科別の指導，道徳科，外国語活動，特別活動，自立活動の時間を設け行う指導

教科別の指導

　知的障害のある児童生徒の教科は，個々の学びの様子に合わせて，特に国語や算数（数学）は，生活年齢も含みながら，実際の生活で活かすことのできる内容を個々に設定します。その実施は，実際の生活の場面につながることを当初から組み込んだ学習展開が必須となります。また，図画工作（美術）や音楽は，生活単元学習などの取り組みと関連させた内容にするなどといった，学校生活を整える視点からの工夫も大切となります。

道徳科，外国語活動，特別活動，自立活動の時間を設けて行う指導

　道徳科は，知的障害のある児童生徒の学習上の特性からして，その内容を道徳の時間のなかだけで理解することは難しく，さらに実際の生活にまで広げることも困難な場合が多々あります。そのため，時間を設けて行う場合も，生活単元学習などの展開も合わせて考えなければなりません。

　外国語活動は，小学部３年生以降が対象となります。この実施においても，個々の児童の興味や関心，生活に結び付いた具体的な題材を設定し，児童の発達の段階に考慮した内容を工夫するなどしていくことが大切となり，時間を設けて行う場合も，日常生活の指導などでの展開も含めて考えていきます。

　特別活動は，通常の学級の児童生徒と活動をともにするよい機会であるクラブ活動を中心に展開します。ただし，活動内容を十分に検討し，担当する教師との連携を図りながらの実施が大切になります。

　自立活動は，学校生活全般で配慮しながら行う『自立活動の指導』と，自立活動の時間を特設して行う『自立活動の時間における指導』による実施となります。いずれの場合も，児童生徒の生活を大切にし，それぞれ意欲を持って自分から自分で取り組める活動にすることが重要です。

5-2 国語

学校生活の主たる活動と関連させて

　児童生徒が生活単元学習や作業学習で取り組んでいることと関連付けての実施が大切になります。例えば，「生活単元学習の実践事例2：単元【なかよし会をしよう】」（p.100）では生活単元学習として取り組んだ招待状作りを，国語の時間に行うようなこともできるのです。つまり，会場の装飾作りに時間をもっとかけたいときや，生活単元学習の時間内では招待状作りを終えることが難しいときの一手でもあります。同様に，販売会に向けて取り組んで，作業学習と関連させたチラシやダイレクトメールの作成を国語の時間に行うこともできます。学校生活において，教科別の指導や各教科等を合わせた指導という教師の作った枠組みにとらわれすぎないことが肝心です。学校生活で精いっぱい取り組んでいる生活単元学習や作業学習と関連した内容を取り扱うことで，児童生徒は読むこと，書くこと，話すことの大切さを実感でき，より意欲的に取り組むことができます。

言語活動の大切さを実感できるように

　生活単元学習や作業学習と関連させない場合も，児童生徒の興味関心に応じた書くこと，話すこと，読むこととし，その大切さを実感し，実際の生活に活かせる取り組みにしていきます。

　例えば，大好きなサッカー選手へのファンレターを書いたり，朝刊を読んで気になったニュースをみんなに伝えたりすることも大切な取り組みです。学校でのそんな取り組みを家庭生活にも広げていきます。

　ただし，"鳥"よりも"鳩"，"虫"よりも"蟻"といったように映像化できるものから理解が進む児童生徒がいるように，個々の認知の状況を理解した展開も必須になります。加えて，漢字の書き取りドリルの同じ学年を何年も繰り返し行うような"水増し教育"（p.67）だけにはならないようにしなくてはなりません。

5 | 3 算数・数学

学校生活の主たる活動と関連させて

国語と同様に，児童生徒が生活単元学習や作業学習で取り組んでいることと関連付けての実施が大切になります。例えば，「作業学習の実践事例１：単元【校内バザーでの販売を成功させよう】」（p.116）のような取り組みにおいて，作業学習の時間は製作活動に取り組み，数学の時間に，バザーの際のお釣りの準備やお釣りの計算の仕方を行います。コンピュータを使っての在庫管理も良いでしょう。

また，生活単元学習での修学旅行の事前学習に取り組むなかで，算数や数学の時間に買い物がお小遣いの範囲内で終わるように計画を立てたり，旅行後に収支を計算したりする活動に取り組むことも児童生徒にとってわかりやすい状況になります。

そして，日常生活の指導において，毎朝，気温を測って折れ線グラフにしたり，緑のカーテンに咲いた朝顔を数えて棒グラフにしたりする，生活に根ざした継続的な取り組みもとても大切です。

数量感覚の育成を大切に

算数・数学においても，生活単元学習や作業学習と関連させなくとも，数えること，計算すること，はかることなどの大切を実感し，実際の生活に活かせる取り組みにしていきます。例えば，長さをはかる活動は生活単元学習や作業学習の中でも行いますが，その必要に応じての取り組みとなります。そのため，まずは，はかり方，メモリの読み方などを個別で集中的に繰り返していって理解を高めてから，生活単元学習，作業学習や実際の生活の中で行うようにした方が適切な児童生徒もいます。そのような児童生徒の場合には，数学でまずは集中的に取り組み，その学びの様子を活かして，いろいろな場面でも長さを自分ではかることができるように支援していきます。

5 — 4 音楽・体育（保健体育）・図画工作（美術）

学校生活の主たる活動と関連させて

　国語，算数・数学同様に，生活単元学習や作業学習と関連した活動を工夫することで，学校生活がよりまとまりのあるものとなり，児童生徒は自分から進んで取り組む姿を見せて，豊かな生活へと高まっていきます。

　例えば，老人ホームへの訪問を生活単元学習に取り組むなかで，プレゼント作りや当日の会の練習などは生活単元学習の時間に，演し物の練習は音楽の時間に取り組みます。また，他校とのスポーツ大会を生活単元学習で取り組むなかで，他校に出かける準備や優勝した学校に渡す優勝カップ作りなどは生活単元学習の時間に，競技の練習は保健体育で取り組みます。さらに，バザーを開いて販売する作業学習に取り組むなかで，製品の製造は作業学習の時間に，バザー告知用ポスターは美術の時間に取り組みます。

　こうした主たる活動の補完的な取り組みは，児童生徒にとってその練習の意味や期間，内容もわかりやすくなり，取り組みに向かう構えも変わってきます。

一生涯の趣味と出会える機会にも

　近年，障害のある人たちの生涯学習を支える機運が高まっています。小・中学校の音楽・体育（保健体育）・図画工作（美術）の授業も，一生涯の趣味との出会いとなる貴重な機会のひとつとなります。

　特に，知的障害のある児童生徒が示す"社会適応の困難さ"には"レジャー・スキルの獲得の困難さ"も含まれています。そのため，学校教育の枠内だけで考えずに，地域の社会体育やカルチャースクール，手をつなぐ育成会の青年学級などへの発展も視野に入れておく必要があります。なお，これらの教科を通常の学級との交流及び共同学習において行っている学級もありますが，一定の技術を必要とする活動であり，参加が容易でない場合も少なくありません。

5 5 自立活動

自立活動とは

　個々の幼児児童生徒が自立を目指し，障害による学習上又は生活上の困難を主体的に改善・克服しようとする取り組みを促す教育活動として，個々の障害の状態や発達の段階などに即して行います。個々の状態を的確に把握し，個別に指導目標や指導内容を定めた個別の指導計画が作成されます。

自立活動の内容

　人間としての基本的な行動を遂行するために必要な要素と，障害による学習上又は生活上の困難を改善・克服するために必要な要素26項目で構成され，"健康の保持""心理的な安定""人間関係の形成""環境の把握""身体の動き"及び"コミュニケーション"の6つの区分に分類・整理されています。

知的障害のある児童生徒への対応

　2017（平成29）年版特別支援学校教育要領・学習指導要領解説自立活動編（幼稚部・小学部・中学部）に『知的障害者である幼児児童生徒に対する教育を行う特別支援学校に在学する幼児児童生徒には，全般的な知的発達の程度や適応行動の状態に比較して，言語，運動，動作，情緒，行動等の特定の分野に，顕著な発達の遅れや特に配慮を必要とする様々な状態が知的障害に随伴して見られる。そのような障害の状態による困難の改善等を図るためには，自立活動の指導を効果的に行う必要がある。（中略）また，知的障害者である児童生徒に対する教育を行う特別支援学校の小学部，中学部及び高等部においては，知的障害のある児童生徒のための各教科等が設けられており，知的障害のある児童生徒はこれを履修することになっている』と示されています。つまり，知的障害のある児童生徒には，主障害である知的障害には知的障害特別支援学級の各教科（p.60）で対応し，随伴する状態には自立活動で対応することになります。

5 - 6 総合的な学習の時間

教育課程上の位置づけ

　総合的な学習の時間は，知的障害特別支援学校の各教科を用いている特別支援学級の場合は，中学部から総合的な学習の時間が設定されますので，中学校の実施が基本となります。

知的障害のある生徒の学びの状況に応じた実施

　その実施においては，2017（平成29）年版特別支援学校学習指導要領において新たに加えられた項目の解説＊で求められている内容，配慮事項を十分に踏まえての実施が重要となります。

　第三は，知的障害者である生徒に対する教育を行う特別支援学校中学部における配慮事項である。総合的な学習の時間は，探究的な学習のよさを理解すること，実社会や実生活の中から問いを見いだし解決していくこと，探究的な学習に主体的・協働的に取り組めるようにすることなどが求められる。その際に，知的障害のある生徒の学習上の特性として，抽象的な内容が分かりにくいことや，学習した知識や技能が断片的になりやすいことなどを踏まえ，実際の生活に関する課題の解決に応用されるようにしていくためには，具体の場面や物事に即しながら段階的な継続した指導が必要になる。そのため，各教科等の学習で培われた資質・能力を明確にし，それらを総合的に関連付けながら，個別の指導計画に基づき，生徒一人一人の具体的な指導内容を設定していくことが大切となる。また，主体的・協働的に取り組めるようにするために，個々の生徒の知的障害の状態，生活年齢，学習状況や経験等を考慮しながら，単元等を設定し，生徒が自らの課題を解決できるように配慮することが大切である。

＊文部科学省「特別支援学校学習指導要領解説各教科等編（小学部・中学部）」2018年

6 1 交流及び共同学習

共生社会の形成に向けて

交流及び共同学習は，障害のある子どもと障害のない子どもが一緒に参加する活動が，相互のふれ合いを通じて豊かな人間性を育むことを目的とする交流の側面と，教科等のねらいの達成を目的とする共同学習の側面があるものとされ，2004（平成16）年に改正された障害者基本法の附帯決議に示された以降，広く使用されるようになりました。

そして，学校卒業後の生活において，障害のある人にとっては，交流及び共同学習の経験が様々な人々とともに助け合って生きていく力となり，積極的な社会参加につながるとされています。合わせて，障害のない人にとっては，交流及び共同学習の経験が障害のある人に自然に言葉をかけて手助けをしたり，積極的に支援を行ったりする行動や，人々の多様な在り方を理解し，障害のある人と共に支え合う意識の醸成につながっていくとされています*。

特別支援学級ならではの交流と共同学習を

特別支援学校と，幼稚園，小学校，中学校，高等学校との障害のある幼児児童生徒と障害のない幼児児童生徒が交流と共同学習については『交流及び共同学習ガイド』*などにおいて，多くの事例やその成果が示されています。

しかし，義務教育段階においては，特別支援学校に在籍する児童生徒よりも小・中学校特別支援学級に在籍する児童生徒が多数となっています**。また，通常の学級の生徒と特別支援学校の児童生徒との交流機会は年に数回に限定されますが，特別支援学級の児童生徒とは毎日のこととなります。毎日であるから予測できないトラブルが発生するやもしれませんが，それも相互理解の過程として捉え，実りのある交流と共同学習としていくことが肝要となります。

＊文部科学省「交流及び共同学習ガイド」2019年
＊＊文部科学省「特別支援教育資料（平成29年度）」2018年

6-2 実践事例1：日常の交流

"遊びランド"を活用しての交流

　特別支援学級（以下，なかま学級）では，毎年，"○○ランド"を手作りして，約1か月めいっぱい遊具で遊ぶ"遊び単元"に取り組んでいます。"わくわくランド"や"おさかなランド""ジャングルランド"などを作り，ランドいっぱいに6～7個の遊具を設置して遊びます。子どもたちはテーマに即した滑り台やトンネルなどの遊具で1か月程度毎日遊びきり，その世界を満喫する単元を毎年楽しみにしています。

　また，"遊びランド"には，ほかの特別支援学級の子どもたちや1年生や2年生を招待して，一緒に遊び，交流することを大切にしています。

　"遊びランド"は日常的にあまり活用されていない教室を借し切ります。日に日にできあがり，増えていく遊具に，「何しているの？」「楽しそう」「僕たちも遊びたい」と，廊下を通る子どもたちの声が多くなってきます。また，本学級の子どもたちからも「交流学級の友だちとも一緒に遊びたい」というつぶやきが聞こえてきました。

　そこで，1年生や2年生の学級担任と打ち合わせをして，"遊びランド"に招待客がいない時間帯や休み時間等で一緒に遊ぶようにしました。本学級の子どもたちと交流学級の子どもたちが手をつないだり，抱っこしてもらって滑ったりする姿が見られました。また，「優しく遊び方を教えてくれた」「順番に遊具で遊べるように見守ってくれた」などの声も聞こえてきました。

　今まで，交流学級に行くと緊張してなかなか話をすることができなかったなかま学級の子どもも，"遊びランド"に招待し，楽しんでもらったということが自信となったようで，交流学級に行くことを楽しみにするようになっていきました。

■ "イチョウ・ガーデン"で一緒に給食を

　なかま学級の教室の前に大きなイチョウの木がある楕円形の庭があり，数年前までイチョウの根が地上に出，荒れ果てていました。そこで，本学級の子どもたちで庭に土を入れ，季節の花を植えて花壇にし，周りには芝を貼るなど，2年がかりで"イチョウ・ガーデン"を整備してきました。

　本年度は，その"イチョウ・ガーデン"の周辺にテーブルと椅子を設置しました。すると，休み時間や放課後には，テーブルに集まり談笑する子どもたちの姿がよく見られるようになりました。

　なかま学級の子どもたちから「"イチョウ・ガーデン"で給食を食べたい」とのことばがでました。栄養教諭と相談し，外で給食を食べる方法や衛生上気をつけること等を話し合って，"イチョウ・ガーデン"で給食を食べることができるようになりました。

　さらに，「交流学級の友だちとも"イチョウ・ガーデン"で一緒に給食を食べたい」と提案がありました。本学級の子どもたちは，交流学級での給食交流は週2回行っています。"イチョウ・ガーデン"のテーブルと椅子の数から，人数調整をし，回数を増やして給食交流を実施しました。

　日常はあまり経験することがない戸外での給食交流は，会話も弾み，笑顔いっぱいでした。給食後の昼休みでは，今まで一緒に遊んだことのない友だちとも"イチョウ・ガーデン"の周りで鬼ごっこをしたり，本学級の教室に来て，一緒に粘土やブロックをしたり等，新たなふれ合いがたくさん広がりました。

6-3 実践事例2：他校との交流

楽しい学校生活に向けて

3月に6年生2名が卒業し，4月からはひとりぼっちになってしまうということがわかった5年生の恵さんはちょっとしたことで泣き出すという不安定な様子が見られるようになりました。そこで，友だちとの活動が大好きだった恵さんが，どのようにしたら豊かな生活ができるのか考えていきました。

近隣の特別支援学級との交流学習

恵さんにとってより豊かな生活をと悩んでいると，先輩教諭から「他校に長期交流に行けば？」とのアイディアをもらいました。前年度までは学級単位での他校の特別支援学級との交流や，ブロック交流会や合同発表会などの地域の近隣校での1日のみの交流がほとんどでした。保護者に長期交流の意義を話し，交流先は合同の校内宿泊を行っている旭小学校にしました。近隣校のなかで恵さんにとってよりなじみのある学校だったからです。保護者，校長，旭小学校の校長・担任，市教育委員会の許可を得て，実現となりました。

時期・交流の方法については担任同士で何度も話し合いを重ねました。両校の運動会等，学校行事にかかわる期間を外し，どの時期がいいか何度も旭小学校の担任と話し合いを重ね，1から5時間目まで交流できる期間，日程を調整しました。実際に交流した期間は，5月下旬から7月下旬に合同で行う市内特別支援学級の合同宿泊学習や旭小学校との校内宿泊に向けての取り組み，12月下旬から1月下旬に地域の特別支援学級の合同発表会に向けての取り組みです。交流をするに当たり，保護者とも日程調整や委員会やクラブ活動の日にはどうするか等，話し合いを行って決めました。

いざ！ 交流学習・旭小学校へ

交流学習に行くと言っても，旭小学校が近くにあるわけではありません。旭小学校は，本校からバス停まで歩いて10分，バスに乗り15分，バス停から

旭小学校まで歩いて20分，片道45分かけて１時間目に間に合うように通いました。恵さんは中学校に進学すると毎日バスに乗って１人で登校しなければなりません。バスに乗る機会が増えたことをチャンスと捉え，バスの中でも①パスモを利用して乗る，②乗車中のマナーを守る，③降りるバス停を覚える，④降りるバス停でブザーを押す，⑤パスモを利用して降りるなどの学習を行いました。前年度まではバスに乗るとすぐに寝ていた恵さんが，繰り返し学習することで，降りるバス停を意識し，自信を持ってバスに乗れるようになりました。

充実した交流学習

　これまでも，交流学習を行い，旭小学校の特別支援学級の子どもたちとは面識がありました。しかし，期間があいていたため，名前も忘れてしまっていました。長期交流を始めた頃は，自分から友だちの中に入っていく様子は見られませんでした。毎日，旭小学校の友だちと同じように活動が用意されたり，様々な先生方に名前を呼んで声をかけてもらったりし，長期交流に続けて行くことで，居場所を感じられるようになりました。また，休み時間には自分から友だちを誘って遊ぶようになるなど，変化が見られました。

　５月下旬から７月下旬に行った旭小学校との校内宿泊や合同宿泊学習に向けての交流では，調理を一緒にしたり，合同宿泊学習で使用する道具を一緒に作ったりしました。様々な活動を通して，友だちと一体感を感じ，行事では仲間とともに生き生きと活動することができました。12月下旬から～１月下旬に行った合同発表会に向けての交流では，劇で使用する道具を一緒に作ったり，『あかずきんちゃん』の劇を何度も練習したりし，仲間とともに作り上げる楽しさを感じる事ができました。

　長期交流をできたことで，一人だけという寂しさはいつの間にか消え，旭小学校での取り組みなどを嬉しそうに家庭でも話してくれるようになりました。恵さんにとって豊かな生活を送ることのできた一年間となりました。

7 1 教育課程

子どもたちの学びの姿

自閉症・情緒障害特別支援学級の対象となる児童生徒は次のとおりです*。

自閉症・情緒障害者

— 自閉症又はそれに類するもので，他人との意思疎通及び対人関係の形成が困難である程度のもの

二 主として心理的な要因による選択性かん黙等があるもので，社会生活への適応が困難である程度のもの

つまり，自閉症は器質性の障害であり，緘黙は心因性の障害でありますが，自閉症・情緒障害特別支援学級は，通常の学級における集団での学習が難しい児童生徒を支援する学級です。なお，知的障害のある児童生徒は知的障害特別支援学級の対象となりますので，自閉症・情緒障害特別支援学級に在籍する児童生徒は知的障害がないことが原則となります。

自閉症・情緒障害特別支援学級の教育課程

自閉症・情緒障害特別支援学級は，2017（平成29）年版小学校，並びに，中学校学習指導要領に示された『障害による学習上又は生活上の困難を克服し自立を図るため，特別支援学校小学部・中学部学習指導要領第7章に示す自立活動を取り入れること』により，通常の学級の教育内容に自立活動を加えた教育課程となります。なお，自立活動の授業時数が加わりますので，教科の授業時数，そして，内容の取り扱いについての検討が必要になります。また，複式学級となることが多いため，時間割などの詳細な検討も不可欠です。

*文部科学省「障害のある児童生徒等に対する早期からの一貫した支援について（通知）」2013年

7 | 2 | 学級経営

集団化と個別化を基本として

　自閉症・情緒障害特別支援学級の児童生徒の多くは，自分から人に働きかけることが苦手です。また，人から当てにされることを，それに応えることができるだろうかとの不安から，避けるような姿もよく見られます。そうした学級集団であるからこそ，みんなで取り組む良さを体感できる集団化の意図を持って学級経営に当たることが必要となります。そのため，少人数の利点を活かして，給食の配膳，教室の掃除，係活動などを，それぞれが得意とすることを担当しつつ，みんなで行うようにして，それぞれが当てにされる存在となるようにしていきます。また，実践事例１・２（p.134，p.136）に示した原則は個人指導となる自立活動の時間における指導においても，"人間関係の形成"を根幹に据え，それぞれの興味も盛り込みつつ，学級全員でのかかわり合いを大切にした授業としていきます。

　こうした学級での取り組みと併行して，それぞれが好きなことや得意なこと，やってみたいことに一人で没頭できる時間の確保も大切にします。

教師がまずは心の物差しに

　人との接し方や，いろいろなことの理解の仕方に困難さのある児童生徒に困った状況を想定し，どのようにしたらよいかを考えようとさせる指導がソーシャル・スキル・トレーニングと称してなされることがあります。しかし，その子が持ちうる選択肢は多くありませんので，教師が求める答えを言うことができなかったり，答えに窮することになったりします。

　まずは，教師が心の物差しとなり，日常生活をともにするなかで，その時々に応じ，どのように考えれば良いのか，どのような対応をすれば良いのかを具体的に教えることから始めます。そして，児童生徒がその物差しを使って判断できるように進めていきます。児童生徒が安心して取り組める状況を繰り返す中で，その子なりの心の物差しを持てるようにしていきます。

7 − 3 教育的支援の原則

自分から自信を持って取り組める学校生活に

自閉症・情緒障害特別支援学級に入級してくる児童生徒の多くは，通常の学級において，教員からの制止の指示を必要以上に受けて過ごしていることが多くなるため，自分から，自分で取り組もうとする気持ちが萎えてしまっています。

そのため，まずは，教師の指示を受けなくとも学校生活をリズム良く過ごせるようにします，週のはじめに一週間の予定を，そして，毎朝，一日の日課を，さらに，授業ごとに授業の展開を伝え，自分でやるべきことや，いつまでにやらないといけないかをわかるようにします。そのことで，学校生活に見通しが持てるようになり，自分の判断で動くことができるという自信が芽生えてきます。学習の遅進や情緒の揺れへの教育対応は一コマの授業のなかだけで行うことはできません。まずは，生活に向かう構えを育み，しっかりとしてくることから始めていきます。

できる状況づくりにこだわって

自閉症・情緒障害特別支援学級の教育実践においても，知的障害特別支援学級同様に，"できる状況づくり"が不可欠になります。自閉症・情緒障害特別支援学級の児童生徒は周囲の者が自分に求めていることや，また，抱いている自分への厳しい感情がわかっています。しかし，自分ではどうすることもできず，とても辛い思いをしていることが少なくありません。そうしたことからも，自分のことが好きになり，自分に自信が持てるような教育的支援の実施がなされなければなりません。少人数の学級ですから，できる状況づくりにこだわった教育実践もできます。発達障害のある児童生徒への教育支援は，"リハビリテーション（rehabilitation）"ではなく，"ハビリテーション（habilitation）"であることを的確に理解し，児童生徒一人ひとりが達成感や充実感を味わうことができるように教育支援を行わなければなりません。

7 4 実践事例1：自立活動の時間における指導
単元【新聞紙で遊ぼう】

■ 興味・感覚を刺激し，自分から楽しむ活動に！

　4年生，5年生，6年生男子2名と3年生女子の5名が在籍する自閉症・情緒障害特別支援学級（以下，ともだち学級）です。5年生の勝くんは，通常の学級からともだち学級に入級して1年目。気が向くと参加したり一緒に活動したりできましたが，持続せずすぐに床でごろごろしてしまうという状況が続いていました。3年生の優さんも入級して1年目。思った通りでないと怒って，暴言や暴力が頻発することが絶えませんでした。4年生の章くんは1年生から入級。落ち着いて学習に取り組むことはできますが，相手の意図などを理解することが難しく，手先が不器用で，ハサミで円を切り抜こうとしてもガタガタになってしまっていました。この3人と自閉傾向のある6年生2人の学級です。人とのかかわりも，身体の使い方も不器用な5人の興味を刺激し，感覚を総動員して目一杯楽しむことをできる活動をしたいと考え本単元を計画しました。1時間目の"新聞紙びりびり"では，始めに新聞紙を破って遊ぶことを伝え，教師が新聞紙を縦に破るのと横に破るのでは，破れ方が違うことを見せました。すると勝くんが興味を持ち始め，試し始めました。しばらくすると「誰が一番細く破ることができるか競争だ！」と3年生の優さんが言い出しました。何でも1番になりたい章くんが反応し，手先に集中し"誰が一番長く破れるか？"という遊びを自分たちで始めました。"新聞紙を破って遊ぼう"という入り口から，自分たちでいろいろな遊びを考え，活動をどんどん豊かなものにしていくことができました。

単元の計画
1　新聞紙びりびり
2　新聞プールで泳ごう
3　新聞紙アスレチック
4　新聞紙ストラックアウト
5　新聞紙仮装大会

■ 活動の中で自然に身体や情動のコントロールを学ぶ！

　1時間目の"新聞紙びりびり"では，子どもたちが，目一杯破っても十分

に足りるほどの新聞紙を用意しました。子どもたちは，破る新聞紙がなくなると教師のところに取りに来ました。その時，「新聞紙１枚ください」と自分から教師に言うようにしました。教師からは「どうぞ」と新聞紙を渡し，さらに「ありがとう」と言えた姿を褒めるようにしました。繰り返しているうちに，何事も自分のペースで進めようとする優さんも自然に言うことができるようになっていきました。活動では，床に新聞紙を広げ，各々が床に座りながら新聞紙を破っていましたが，優さんが足の指を使って破ることを思いつきました。靴下を脱ぎ，裸足で上手に左右の足の親指と人差し指で新聞紙を挟んで破り始めました。教師が「優さん，おもしろい破り方だね。そんな風にもできるんだ。すごいね！」と褒めたら，勝くんも章くんもそれを見て真似しながら足の指で破ろうとし始めました。なかなかうまく足の指を使えない章くんは，優さんに「どうやってやるの？」と尋ねました。優さんも「こうやってやるよ」と実際にやってみせながら教えていました。楽しく活動する中で，手指だけでなく，足の指もうまく使おうとすることができました。さらに，やさしい言葉でやりとりを行う時間を得ることができました。

▌仲間とみんなでできたことを分かち合う！

　１時間目に"新聞紙びりびり"を楽しみ，２時間目にその破った新聞も使って"新聞紙プール"を作って遊びました。破った新聞紙を使って，その中に潜ったり埋まったり，頭からかけ合ったりしました。ごろごろするのが好きな勝くんは，この時とばかりに新聞紙の中でゴロンとなり「新聞紙上からかけて」と言ってみんなにかけてもらい，とても満足そうにしていました。

　遊び終わったらみんなで片付けをしました。６年生２人が大きなビニール袋を持って新聞紙を集めました。勝くんは，大きく手を広げて新聞紙に抱きつくように集めていました。優さんや章くんもほうきやちりとりを使って集めて６年生が持つビニール袋に入れました。教室床一面が新聞紙の切れ端でいっぱいだったのですが，瞬く間にきれいになりました。みんなで仲良く目一杯楽しく遊べ，みんなで力を合わせて片付けまでできました。

7 5 実践事例２：自立活動の時間における指導 単元【クリスマスツリーをつくろう！】

学校へ来ることを楽しみに！

　６年生の弘くんは「自分のペースで過ごすことができない学校へ来るのは嫌だ」と低学年の時からいつも言っていました。４年生頃から登校渋りが始まり、「少人数の中なら登校できるかも」との本人の弁で、５年生から自閉症・情緒障害学級（以下、さくら学級）に入級しました。

　担任は一週間の予定を予め示し、弘くんが見通しを持って学校生活に向かえるようにしました。また、弘くんができそうな学習や活動から始め、学校生活への負担感を軽減するなどいろいろ試みました。しかし、一番登校刺激になったのは、弘くんが学校へ来て仲間とやりたいと思った、いろいろな物を混ぜての得体の知れない液体づくりや変わり味のホットケーキやたこ焼きづくりでした。６月の修学旅行には、弘くんも「修学旅行は行きたい」と思っていました。いつもではありませんが、苦手としている交流学級での事前学習にも参加することができました。修学旅行当日も、仲間と一緒に１泊２日の全行程を過ごすことができました。９月の運動会も「小学校生活最後だから」と、弘くんは参加したいとの思いを伝えてくれました。組体操もありましたが、一緒に練習し本番では立派に演技をやりきることができました。

　運動会が終わると、秋分の日が過ぎ一気に日が暮れるのが早くなります。５年生の時、弘くんは日照時間が長くなる春から夏は、一週間に２、３日は遅刻しながらも登校できました。しかし、日照時間が短くなる秋から冬は一気に登校状況が悪化しました。６年生も同様に、運動会が終わると一気に登校日数が減りました。１日も登校できない週が出てきました。そんなある日、さくら学級の同級生の隆くんが、図書館で、高さ３ｍ近くになる段ボールでクリスマスツリーを作る本を見つけました。そして「こんなクリスマスツリー、さくら学級のみんなと作れたらいいなあ」とつぶやきました。担任は

「クリスマスツリー作りなら，弘くんも楽しみに登校できるかもしれない」と考えました。クリスマスまでは２か月弱。隆くんのアイディアを学級に提案し，材料を揃え作り始めることにしました。

必然的にかかわり合いその良さを感じる！

　学級みんなで段ボールのクリスマスツリーを作ることを弘くんに伝えると，毎日ではありませんが，弘くんも登校するようになってきました。担任が段ボールに図面を描き，子どもたちは畳大の大きさの段ボールからツリーの部品を，段ボールカッターを使って切り出していきました。あまりに部品が大きく，一人で作業することが難しかったため，「隆，そこ押さえて」と弘くんが言って，自然と互いに気持ちと力を合わせて作業する場面が生まれてきました。ツリーは上段と下段に分け作成しましたが，組み立ては数人がかりになり，みんなでできたという気持ちを自然と味わうことができました。

できた気持ちを全校の仲間と分かち合う！

　さくら学級は，２年生の教室の隣にあり，さくら学級の教室の中でできあがっていく巨大なクリスマスツリーに気付き，通るたびにのぞき込み「いいなあ〜」とつぶやいていました。クリスマスツリーを作る最初の目的は，弘くんが学校生活を楽しみにし，はりのある生活ができることでした。２年生の言葉に，これを機会に世界を広げることができないかと考えました。そこで，まず校長先生にお願いし，全校朝会で全校に紹介することにしました。大人でも700名近い全児童の前で話すことは緊張しますが，弘くんが代表で話すことになりました。繰り返し練習し，当日は緊張して顔を真っ赤にしながらもぽつりぽつりでも話すことができました。話し終わって拍手をもらった時，弘くんは誇らしげな笑顔でした。クリスマスツリーは，全校朝会での紹介後，クリスマス当日まで，全児童が使う児童玄関の隣に設置してもらいました。「大きいね」と立ち止まって眺める子や「すごいね」とさくら学級の子に話しかける子も出てきました。クリスマスツリーをきっかけに，さくら学級の存在が全校の中に位置づき，やわらかい交流を増やすことができました。

保護者の心理的支援

元熊本大学教育学部教授 一門惠子

　特別支援教育は，障害のある児童生徒本人に対する支援と同時に，保護者に対する支援も求められ，幼少期にはむしろ後者に対する支援の比率の方が大きいとさえ言われます。障害のある子への保護者の思いはきわめて強く，担任のわが子への対応には敏感に反応されがちです。本稿では，保護者へのより良い支援を目指すために共に考えたいと思います。

◆ "障害"の告知と心理的変容

　まず，特別支援教育の担当者には保護者の苦悩の歴史に気づいていただきたく思います。最愛のわが子に"障害"があると診断・告知された瞬間の絶望的な思いについて，「目の前が真っ暗に」「頭の中が真っ白に」「呆然として記憶にない」などと語られております。その時点から親子の"障害"との闘いが始まります。障害種によって異なりますが，多くの保護者が，就学までには障害のない子どもに追いつかせたいと，ひたすら努力している姿によく出会います。また，診断の時期は，近年早期化しております。

　"障害"の告知によって，一旦は悲嘆にくれた保護者も，様々な療育機関や医療機関を利用して，"障害"を何とか克服したいと励みます。しかし，その困難さに直面しながら，障害受容に至る長い道のりを辿ることになります。そのプロセスは，段階的に，苦悩→努力→受容→昇華へと向かうという"段階的モデル"*，長く悲嘆から完全に解放されることはないという"慢性的悲哀説"**とがあります。これら二説の折衷案として，ゆっくりと螺旋状に障害受容への道を辿るという"螺旋型モデル"***があります。いずれの学説も妥当性のあるものですが，個々の保護者はこのような三様の心理状態を併せ持ちながら様々に変容の過程を辿っているものと思われます。いずれにしても保護者は，子どもの日々の成長の中で一喜一憂しながら，親子共々ゆ

っくりと成長の道程を歩むことになります。

◆ 保護者の願いに応えて

　小学校への就学にあたっては，子どもの障害を受容することで，多くの保護者は断腸の思いで特別支援学級を選択していると思われます。特別支援教育の専門の教師によるわが子に適した個別的支援を希望されての選択です。担任は，充分にその専門性を高めて，そのような保護者の期待に応える支援の実践ができなければなりません。保護者とともに子どもの成長を支え，子どもの安定した将来像を確保するよう目指したいものです。

　近年の保護者は，いち早く多くの情報を収集し，子どもの障害について学んでおります。担任は，保護者に対して，本人への支援に試行錯誤しながら頑張ってきた先輩として敬意を払いたいものです。保護者の子どもに対するそれまでの支援については，否定しないで肯定的に受け止めたいものです。幼少期からの成長過程を克明に記したカルテ（サポートブック）を提供してくれる保護者もいます。保護者による貴重な記録を尊重し，支援に活用したいものです。

　保護者を孤立させないことも大切です。保護者は，同じ立場にある保護者仲間によって支えられているものだからです。知的障害児の親たちの"手をつなぐ育成会"や"ダウン症協会""自閉スペクトラム症協会"などの団体があります。そのような親たちの連帯・結束によって支えられ，生き甲斐を見出していく保護者も少なくありません。

◆ 保護者との協働

　子どもたちのより良い自立には，担任と保護者が協働支援者になることが求められます。ことばを育てることや身辺自立のスキルを身につけることなどは，家庭における日常的かかわりの効果が最も期待できる領域です。日常生活のなかで保護者に取り組んで欲しい課題については，教師が具体的に取り組み方のモデルを示したり，図示したりする必要があります。

また，家庭における支援経過を記録してもらい，スムーズに課題が遂行されているか確認して行きましょう。洗濯物をたたむ，食卓を整える，お風呂を掃除するなど，家庭生活には自立に向かうための様々なスキルを習得する機会がたくさん盛り込まれております。保護者に感謝され，保護者から褒められることが子どもの成長を促す原動力になります。学童期の自閉スペクトラム症児の保護者は，子どもの成長の喜びについて，「一人で通学できるようになったこと」「仲間とのかかわりが増えたこと」「集団活動に参加できるようになったこと」「運動がうまくなったこと」などの事項を挙げています。学級集団における学習の成果も大きいでしょう。保護者は，子どもが働ける自立した社会人に成長することを心から願っております。

◆　家族全体を支援すること

　家族は，それぞれが固有で多様な問題を背負っているものです。何らかの問題が生起した場合，家族を全体として捉えて理解することが大切です。そのためには，保護者が，当該の子ども以外の家族の心配事などを抱えていないかなど，ファミリーダイナミックスの側面から点検・配慮する必要があります。保護者の不安を軽減するためには，カウンセリング・マインドが教師に求められます。また，スクール・カウンセラー（SC）やスクール・ソーシャル・ワーカー（SSW）などの活用も有効です。

　近年，複数の障害のある子どもをもつ家族に出会うことが少なくありません。発達障害のケースに比較的多いと言えますが，障害の程度は様々です。いずれにしろ，保護者の心身のストレスは計り知れないものと言えましょう。保護者が，悲嘆の中で，将来の不安のみを数え上げるのではなく，一日一日をより健康で楽しく過ごしていかれるようにお願いしております。できれば家族ぐるみで子どもたちの喜ぶ活動を共有されるように促しています。プールや温泉，乗り物を楽しむことなどを通して，家族が「この子のお陰で楽しい」と思えることが最高と思われます。障害のある子にとっては，"幸福な時間"こそが"成長の時間"につながるとさえ言われます。

障害のある子どものきょうだい児にも，様々なストレスがかかりがちです。本人と同じ学校に在籍する場合には，特別支援学級に在籍するきょうだいのことを心配したり，心ない言葉で傷つけられるなど，不安にさらされたり，緊張に陥ったりする場面も生起します。通常の学級に在籍するきょうだいに対しても，それぞれの担任の配慮が求められます。

　親子コンサートや親子共同制作などで家族がともに輝く姿は感動を呼ぶものがあります。しばしば，障害のある子どもの方が親御さんより上手に演奏することがあります。また，保護者や教師が真似できない芸術作品（アール・ブリュット）などにも出会います。そのような才能を発掘した支援者との出会いが親子の人生に光を与えたということです。いつ，どこで，どんなすばらしい担任と出会えるか，そこに大きな期待がかかっております。

＊ Drotar,D., Baskiewicz,A., Irvin,N., Kennell,J., & Klaus,M. 1975 The adaptation of parents to the birth of an infant with a congenital malformation: A hypothetical model. Pediatrics, 56(5), 710-717.

＊＊ Olshansky,S. 1962 Chronic sorrow: A response to having a mentally defective child. Social Casework, 43, 190-193.

＊＊＊ Copley,M., & Bondensteiner,J. 1987 Chronic sorrow in families of disabled children. Journal of Child Neurology, 2, 67-70.

岐阜大学学部生たちと旧開智学校にて

編集注

1．近年，障がい，障碍との書き換えが行われていますが，本書発刊時点での法令の条文では障害の表記であり，本書でも同様にしました。

2．2008年，日本精神神経学会において AD／HD は注意欠如／多動性障害との呼称変更が行われていますが，本書発刊時点での法令の条文では注意欠陥多動性障害の表記であり，本書でも同様にしました。

3．本書中に示されている人名・学校名・学級名は仮名です。また，写真の掲載については保護者などの了解を得ています。

執筆者一覧

【執筆者紹介】（執筆順，所属・令和２年３月現在・執筆箇所）

坂本　裕　後出　第１章・第２章・第３章1-1〜3-6, 4-1〜10, 5-1〜6-1, 7-1〜3

千田　馨　船橋市立芝山東小学校教諭　第３章3-7

式地　真　高知市立高知特別支援学校教諭　第３章3-8

鬼山義信　船橋市立三咲小学校教諭　第３章3-9

北川浩美　高知市立横浜新町小学校　第３章3-10

百田博臣　高知市立介良中学校教諭　第３章4-11

東本　昇　船橋市立習志野台中学校教諭　第３章4-12

谷　雄二　高知市立鴨田小学校教諭　第３章6-2

北條真弓　船橋市立小室小学校教諭　第３章6-3

福田大治　各務原市立那加第二小学校教諭　第３章7-4〜5

一門惠子　元熊本大学教育学部教授　特別寄稿

【編著者紹介】

坂本 裕（さかもと ゆたか）
岐阜大学大学院教育学研究科准教授
兵庫教育大学大学院連合学校教育学研究科准教授
博士（文学）
公認心理師・臨床心理士・ガイダンスカウンセラー・
上級教育カウンセラー

【主な著作】
・編著『合理的配慮をつなぐ個別移行支援カルテ』明治図書出
　版，2017年
・編集代表『特別支援教育を学ぶ（第3版）』ナカニシヤ出版，
　2016年
・編著『新訂　特別支援学級はじめの一歩』明治図書出版，
　2015年
・『遅れのある子どもの身辺処理支援ブック』明治図書出版，
　2014年
・監修『特別支援学級はじめの一歩』明治図書出版，2010年
・編集代表『特別支援教育を学ぶ（第2版）』ナカニシヤ出版，
　2008年
・編集代表『特別支援教育を学ぶ』ナカニシヤ出版，2005年

イラスト：和泉舞子　岐阜県立郡上特別支援学校教諭

新訂2版　特別支援学級はじめの一歩
　　　　—まずは押さえたい100のポイント—

2020年3月初版第1刷刊　©編著者　坂　本　　　裕
　　　　　　　発行者　藤　原　光　政
　　　　　　　発行所　明治図書出版株式会社
　　　　　　　　　　　http://www.meijitosho.co.jp
　　　　　　　　　　　（企画）及川　誠（校正）杉浦佐和子
　　　　　　　　　　　〒114-0023　東京都北区滝野川7-46-1
　　　　　　　　　　　振替00160-5-151318　電話03(5907)6703
　　　　　　　　　　　　　　ご注文窓口　電話03(5907)6668
＊検印省略　　　　　組版所　中　央　美　版

Printed in Japan　　　　　　ISBN978-4-18-050233-2
もれなくクーポンがもらえる！読者アンケートはこちらから